문학과지성 시인선 614

나의 모험 만화

김보나 시집

문학과지성사

문학과지성 시인선 614
나의 모험 만화

초판 1쇄 발행 2025년 4월 11일
초판 2쇄 발행 2025년 6월 16일

지은이 김보나
펴낸이 이광호
주간 이근혜
편집 유하은 윤소진 김필균 이주이 허단 최은지
마케팅 이가은 허황 최지애 남미리 맹정현
제작 강병석
펴낸곳 ㈜문학과지성사
등록번호 제1993-000098호
주소 04034 서울 마포구 잔다리로7길 18(서교동 377-20)
전화 02)338-7224
팩스 02)323-4180(편집) / 02)338-7221(영업)
대표메일 moonji@moonji.com
저작권 문의 copyright@moonji.com
홈페이지 www.moonji.com

ⓒ 김보나, 2025. Printed in Seoul, Korea

ISBN 978-89-320-4358-6 03810

이 책의 판권은 지은이와 ㈜문학과지성사에 있습니다.
양측의 서면 동의 없는 무단 전재 및 복제를 금합니다.

지은이는 2024년 토지문화재단에서 창작실을 지원받았음을 밝힙니다.

이 책은 서울특별시, 서울문화재단 '2025년 첫 책 발간지원 사업'의 지원을 받아 발간되었습니다.

문학과지성 시인선 614
나의 모험 만화

김보나

시인의 말

쥐의 낙서가 적힌 수첩을 발견했다

안녕 지금부터의 이야기는 모두 내가 쓴 거야
발톱을 괜히 먹은 것 같아

이럴 줄 몰랐어

2025년 4월
김보나

나의 모험 만화
차례

시인의 말

1부
백엽상 9
윙스팬(Wingspan) 10
가장 높은 곳으로 12
황차의 별 14
유리우주 16
휴무 18
별을 기르기로 했어 20
물가에서 우리는 잠시 매혹적이다 23
물보라 이후 26
요재지이(聊齋志異) 28
나의 모험 만화 30
망상 하천 34

2부
Act II 39
히쓰지분가쿠(羊文学) 보컬과 결혼하려면 40
탕에 들어갔다 나오는 사람 43
장수민해독센터 46

좋은 것만 드려요　48
수련 일지　51
부추와 나　53
성물방　54
슈베르트 방은 말한다　55
백봉령 버터 박물관　57

3부
딸기의 고장에서 태어난 사람　63
바티칸에서 온 사람　66
무국적 발자국　68
겨울 나라에서　70
다 뜻이 있겠지　72
물에 빠지는 이 모든　73
폴란드식 기념품　74
차이나타운　76
눈송이를 위한 자장가　78

4부
첼리스트　87
걸어도 걸어도　90
스위트 나이트　92
공휴　95
토마토를 골라줘　97
여름 느낌 단편　100
상자 놀이　104

봄꿈 106
천도복숭아 나올 무렵 107
음양 자르기 110

5부
꼬리 연습 115
여기 지팡이 있어요 116
춘일광상(春日狂想) 118
「미친 봄날 생각」 120
서칭 포테이토칩 123
십번기 124
재단사는 떠난다 126
30분째 개구리를 보는 사람 128
여름방학 130
무한 타월 132
현관을 열고 133

해설
미친 봄날의 끝말잇기 · 홍성희 136

1부

백엽상

운동장 북쪽에 있는 백엽상
늘 닫혀 있다 옆에 환경부장이 서 있다
매일 흰 종이에 온도와 습도를 기록하면서

나는 그 애에게 다가가
오른쪽에 서본다 북쪽은 외로운 자리
북쪽의 오른쪽은 기분 좋은 자리였다

여기엔 온도계와 습도계가 있어
그 애가 말했다

나는 햇볕이 드는 작은 집 안에서
서서히 오르락내리락하는
붉은 수은을 지키고 있어

그래서일까
어른이 된 뒤로도 나의 심장은
눈비에도 젖지 않고 빨갛게 타오른다

윙스팬(Wingspan)*

한 사람이 곁에서 걷고 있었다
나는 산을 오르고 있었다

산악인이 아니어도 산을 즐겨 오를 수 있듯
나는 사랑의 전문가가 아니면서
한 사람의 손을 잡기도 했다

땅거미가 찾아오고
박쥐 무리가 날아가는 저녁

시력을 포기했으니까 박쥐는 어둠을 헤쳐나갈 초음파를 얻었다고 들은 적이 있다

그렇다면
어둠 속을 같이 걷고 싶은 사람에겐
이렇게 말해야 하는지도 모른다

우리 같이 진화하자

겨우 날개가 달린다고 해서
천사가 되지는 못할 테지만

양팔과 날개를 교환할 기회가 생긴다면
두 팔을 남겨 사람을 안아보자

검은 날개를 달고도 악마가 될 수 없다면
사람과 살아가는 연습을 시작하자

산에서는 한 사람이 곁으로 다가서면
그림자가 드리우기도 했다

포개지는 그림자의 윤곽
무언가가 강림하는 저녁이다

* 새가 양 날개를 펼쳤을 때, 한쪽 날개 끝부터 반대쪽 날개 끝까지의 폭.

가장 높은 곳으로

"그런 것을 함부로 허물면 안 돼"
체육복을 빌려주는 사람이 내게 말했다

조심스레 돌을 쌓고
굽힌 무릎을 펴며

두부김치
같은 말을 떠올렸다

쌓인 소원은 높이가 비슷하고
어쩐지 종종 떨어진다

이 산은 오래전 바다였다고 한다
여기까지 오르면 시(市)의 이름은 바뀌고
뭐라도 내릴 듯한 하늘

눈이거나 빛일 것이다
기대하면 내리지 않는 것들

매미 우는 바다 꼭대기
속살을 본 적 없는 사람과
재개발된다는 마을을 보았다

돌을 주워 던지고
아무에게도
사과하지 않았다

황차의 별

거리에 어둠이 내려앉으면 너는 묻곤 했다. 지금 보이는 빛이 1억 광년 먼 은하에서 온 거라면…… 우리를 둘러싼 것은 이 부드러운 어둠뿐이냐고.

말라붙은 찻잎에 끓어오르는 물을 부을 때마다 향내가 살아났다. 따뜻한데 죽어 있던 차를 마시면 마른 장작의 기분을 알 것 같았다. 속에서 불씨가 타오르는 건 이런 느낌이구나. 물을 삼켜 살아나는 불이 있다면.

찻잔에 물결을 일게 하던 인부들의 망치질이 그쳤어도 아직 다리를 건널 수 없는 밤. 누군가의 무덤에서 발견된 책의 문자열처럼 비가 내리길래 사람을 앞에 두고 차를 마셨다. 철관음, 금준미, 백호은침…… 울렁이는 금빛. 볕이 풀려나는 물을 한 모금.

"죽기 전에 오렌지빛을 본 사람이 있대. 쪽빛이나 보랏빛으로 일렁이는 사람도 있대. 그게 자기 마음의 색이래"

인도에서는 불꽃이 인간과 신을 연결해준다고 한다. 제물을 살라 신에게 닿도록 연기를 흩어놓기 때문에 그렇다지.

네가 찻물을 올릴 때, 물이 사정없이 끓어 넘치던 그때에도 우리 곁엔 불의 신이 있었을까.

어쩌면 찾아드는 신이, 지금 보이는 빛이 1억 광년 전에 출발했다 해도…… 연노란빛에 이름이라도 붙이고 싶은 것이 나의 마음.
 떠날 사람이 내준 차를 마신다. 물로 타오르는 불. 홧홧하다.

유리우주*

별을 취미로 관측하는 사람이 되고 싶었는데
그건 저물녘을 기다리는 사람으로 자란다는 뜻이었다

델타
나는 궁금했다

너는 너무 부드러워
그런 말을 하는 비밀경찰에게 나는
금서를 만들었단 이유로 잡혀가고 싶었어

유성우가 약속된 바람에선 짠 냄새가 났다
운 좋게도

여태 숨을 지켜왔는데
안 뺏기고 제때 놓아주려면 뭘 더 해야 해

춥지 않냐고 누가 묻는 밤
델타
몰래 걸음걸이를 연습했다

살아 있으면서 무중력을 걷는 보법을 알고 싶어

저편으로 추락한다면
우주의 바닥이 깨질지도 모르니까

언제 넣었는지 기억나지 않는
작은 구름이 주머니에 녹아 있었고

끝없이 녹아내리는 구름을 쥐고 걸었다

알고 있다
어떤 아름다운 일들은
종종 밤에 일어나고

나는 그 기억의 주인이 아니다

* 데이바 소벨, 『유리우주』, 양병찬 옮김, 알마, 2019.

휴무

입안에 잠시 차오르는
서늘하고 부드러운 세계

소프트콘
여름의 기쁨
너와 모래섬을 거닐었다

들었어?
주차장에서 일하던 그 여자분
무더위에 드러누웠대

하얀 게 차게 묻은 네 입가는 반짝이고

그런데
아이스크림은 왜 녹는 걸까
누구의 마음도 아니면서

쉽게 웅덩이를 만들면서
모래로 범벅이 된 발을 헹구었다

느리고 부드럽게 고이는 웅덩이. 하얀
어린 신이 물놀이를 한 다음 날처럼

볕을 기르기로 했어

띄엄띄엄 봄비가 치는 건반 소리
백미도 흑미도 없이 비를 모으는 밥솥
음악과 밥을 버리고 다들 어디로 떠났을까

재개발을 앞둔 동네라고 했다
로사와 나는 시나리오를 쓰기 시작했다

바위에 붙어 살아간다는 풍란을 보러 나섰나
절벽에 매달려 커피를 마실 수 있는 중국의 돌산으로 떠났나

우리는 문짝 하나가 뜯겨 나간 교회에 들어가
눈을 감았다 여전히 붉은 성경에 손을 포개면

알 것 같았다 높은 천장을 다 메우려면
어둠이 얼마나 많이 필요한지

콩국숫집 입구엔 이 나간 단지 하나

"이거 봐 밑바닥에 뭐가 있네
희고 빛이 나"

소금이 묻어 나온 로사의 손끝은 짜고
거칠었다 로사가 떠난 고향에서 따라왔다는
파도의 맛이 꼭 그럴 것 같았다

비가 살짝 내리는 날
단지를 안고 밖으로 나섰다

씨앗을 심었다
제 길이보다 세 배 깊이 묻어야
잘 자란다고 했다

그래서 이렇게 어두운가 봐
우리는 아침으로 햇빛을 먹고 있었다*

* 마이클 홀랜드의 책 『우리는 아침으로 햇빛을 먹어요!』(필립 조르다노

그림, 하미나 옮김, 너머학교, 2020)의 제목을 변용했다. 이 시는 재개발 구역에 남겨진 식물을 구조하는 백수혜 님의 이야기로부터 시작되었다.

물가에서 우리는 잠시 매혹적이다*

오늘은 양말 한쪽이 사라져서
그것 없이 걷는 법을 발명했지

너의 이름을 여러 번 신으면
이상하지 나는 하염없이 부풀어 오른다

너 어제도
눈 코 입이 갑자기
흘러내릴까 봐 걱정했니

앉지도 잠들지도 못하다가
새벽 수영을 시작하자고 전화를 걸었니

숨을 오래 멈추는 연습을 하며
너는 한번 죽었다가

수심이 깊어진 레인에서야
파란 숨을 다시금 몰아쉬었어

너와 물결은 일렁이더라
락스 냄새를 풍기면서도
한번 길을 내보려고

우리는 쭈그러든 손가락을 들어
다시 한번 약속을 해

이번 삶은 302호에서 살아볼 것
거실엔 세계문학 전집을 둘 것

사라진 양말은 어디로 가냐고 네가 물으면

불행이 생의 주제라고 요약하는 대신
소설책의 아무 페이지나 열어젖혀
걸어가는 주인공을 보여주기 위해

두 발이 물에 녹아도 괜찮겠다고 하는
너의 뒤에서 입술을 달싹였어

물안경을 쓰고 깊이 헤엄치지만
이번 삶은 내게도 잘 보이지 않는다고

계절이 바뀔 때면
각자의 자전거와 뜨개질 도구를
바꿔 써보자고

아직 네게 묻지 못한 문장들은 머리칼과 높이 묶지

내일은 얼룩 고양이를 기르고
모레는 아홉번째 삶이 생길 거라고

수면을 차는 너의 흰 발바닥을 보며
물보라의 소리를 빌려 말하지

* 오션 브엉의 『지상에서 우리는 잠시 매혹적이다』(김목인 옮김, 시공사, 2019)의 제목을 변용했다.

물보라 이후

수돗가에서 물을 틀고 있었다
뒷덜미가 소란스러웠다

조금만 오래 봐도
배롱나무꽃은 쉽게 타들어가고
아이들은 멀어져갔다

줄 긋는 기계를 잡고 운동장에 나아가면서
하얀 모서리를 여러 개 만들었다

정문 옆에 연못이 있다
팔뚝만 한 금잉어가 종종 튀어 오른다

사람이 되거나 용으로 날아오른다는 어둡고 출렁이는 못

잉어: 백 년을 헤아리고(뻐끔)
나: 교복 치마 뒤적이고

저기, 내 태몽에 나온 게 너였니

열다섯 살
내 나이 다 줄게

태몽 좀 거슬러다오

탄생 연도가 적힌 동전을 던져 주고 돌아섰다
흙먼지가 일렁이는 트랙으로

뻐끔뻐끔
영어 시간엔 회화 연습을 했다

오후부터는 물소리가 자욱했다
아까 빠뜨린 무선 이어폰 한쪽이
생생하게
전해주는 것 같다

왼쪽 귀는 잘 있어요
오른쪽 귀는 얕은 물에 잠겼고요

잉어: 금빛 비늘을 번득이며 벗어나고

요재지이(聊齋志異)

3층에서 뛰어내리면 죽을걸

아닐걸 뒷자리의 내기가
시시하다고 여겨질 때

소문이 생각났다
무서움 많은 사람에게 검은 숲이
천천히 걸어온다고

죽으면 어떡할래?
주렴이 휘날리는 날씨
창가 자리였다

숲 같은 게 있을 리 없는데

교실에 들어온 쥐와 마주쳐
버렸다 자꾸 다가오려 하는 그것을
아이들이 내쫓았지만

죽으면 죽는 거지 뭐

녹색 칠판 흰 글씨

누구는 장례식으로 누구는
담임 결혼식에 부를 노래를
연습하러 갔다

주번인 내가 지우개를 들고 서성일 때
칠판에 영문 모를 낙서가 어른거렸다

그 낙서를 읽는 건 나뿐이다

쥐의 글씨라고 생각하자
따라 써보고 싶어진다

나의 모험 만화

키 작은 주인공이
딱 한 번 용기를 낸다

만화 그리는 게 좋았다

심장은 두근거렸으나
힘껏 찬 축구공이 낮은 호를 그리고
빌려준 노트를 읽는 짝꿍의 입꼬리가 올라갈 때

모험은 쉽게 시작되지 않았다

나의 주인공은 그저
다들 지나치는 사육장의 토끼를
혼자 돌보는 사람

혹시 동물의 말을 알아듣게 되었나
귀 기울여보지만

          사각사각

자신의 말은 구름을 닮은
말풍선에 밀어 넣곤 한다

    (털 달린 마음이 철창에 갇혀 풀을 씹는다)
(눈동자에 비친 풍경이)
                              (경이로울 때도 있었다)

나는 보여주고 싶다
독서 기록장에는 쓰지 못한 문장 혹은
어린 토끼에게 건초를 부어 주며 쏟아낸 마음

성장소설에 관해 말하고 싶다

정체를 숨긴 외계인이 학교를 짓밟는 이야기
그러나 눈물 한 방울 떨구면
                                사각사각
쓰러진 친구가 되살아나는 이야기를

토끼에게 먹이면서도 나의 주인공은

공조차 앞지를까 봐
달리는 속도를 조절하는 사람

어찌할 줄 모르다가 우연히 가까워진 공을
부딪쳐 오는 강한 햇빛을

피하지 않으며
다시 힘껏 (발을 뻗는다)

명대사를 터뜨릴 시간인데
주인공은 그저 웃는군

이 모험의 끝은 친구를 만드는 일이라는 듯

(훗날……) 어른이 된 6시
칸칸이 나뉜 지하철에서 나는
백팩의 무게를 버티며 서 있다

칸 속 사람들의 말풍선을 속속들이 알고 싶다

내년을 얘기할 때 사람들은 왜
밝은 표정을 지으려 애쓰는지

해가 진 뒤로
저마다의 모험은 어떻게 지속되는지

              (계속)

망상 하천

있잖아, 요즘 버섯 기르기가 유행이래

강가에 서 있는 너를 데리러 갔었어
얼굴에 모자이크를 뒤집어쓴 네가 말했지

외로운 사람의 노루궁뎅이버섯은 유독
뽀얗고 탐스럽게 돋아난다더라

하루에도 몇 번씩 내, 숲, 강을 떠올리는 네 곁으로 강은
끝없이 흘러가고

나는 네 이마로 연신 쏟아지는 머리칼을 쓸어 넘겨
가르마를 새로 타주었어

우리는 해 질 녘의 징검다리를 가로지르며
자동차에 타지 않은 사람들을 살펴보았지

소중한 것을 끌어안듯 어깨를 모은 사람들
빛을 머금은 강을 어렵사리 뛰어넘는

밤은 이내 깊어지고
한 사내가 돌아다니며 이렇게 외치고 있어

— 망개떡 사려

몸을 움츠리고 헤매던 한 사람이
가슴팍에서 망그러진 하얀 떡을 꺼내
창백한 사람에게 건네주는

겨울밤

입을 벌리면
보얗고 차갑고 설겅거리는 것이
무럭무럭 솟아나는

긴긴 겨울밤
너도 네 목소리를 들려줄래

그때 강물 앞에서 떠올린 이름 그리고 마지막까지

손아귀에 끈기 있게 엉겨 붙던 마음에 대해

있잖아 나는 가끔
너희 집 앞에만 눈이
쌓일 만큼 내리게 하고 싶어

그리고 외국의 너른 평야를 달리는 기차에 타고 싶어

인사를 나눌 때면
죽은 사람의 이름을 대고 싶어

이토록 먼 곳까지 어떻게 왔느냐고
누군가 물으면
얼어붙은 강을 되짚어 왔다고 답해야지

입춘대길 건양다경
이렇게 써 붙여야 할 아침에

2부

Act II
─ 레이먼드 카버가 만드는 버터팝콘을 상상하며

"그 사람 시 중에 팝콘 나오는 거 있잖아" 카트를 끌던 그녀가 말했다. "우리는 팝콘도 되지 못한 옥수수, 폭발한 적도 없이 굴러다니는……" "진짜 그린 내용이 있어?" 우리는 알아보려고 전자레인지용 팝콘 두 봉지를 샀다. 몇 분을 튀겨야 남아도는 알갱이가 적을지 내기를 한 것이다. 노란 향기가 공중에 떠돌 즈음 레인지에서 봉지를 꺼냈다. 내 건 충분히 뜨거웠지만 낟알 굴러가는 느낌이 여실했다. 그녀에게 기댔다. 하얀 팝콘에서 어쩐지 쓸쓸한 맛이 난다고 말하고 싶은데 그녀는 이미 영화에 빠져들었다. 소녀들이 운동장 트랙을 배경으로 이야기를 나누고 있었다. 달리기를 마친 소녀들이 숨을 몰아쉬며 말했다.

"있지, 바닥에 남은 낟알, 다시 데우면 부풀어 오를까?"

세상은 이어달리기 배턴을 건네받아본 사람과 그렇지 못한 사람으로 나뉘는 것 같아. 소녀들이 원형으로 포크댄스를 추기 시작했다. 발랄하고 달큰한 노래를 배경으로 나와 그녀는 저마다의 봉지에 손을 넣어 휘저었다. 얼핏 모자에서 비둘기를 꺼내려는 손짓과 닮아 보였다. 희부연 손가락이 끌어안은 것이 그저 낟알이라 해도.

히쓰지분가쿠(羊文学) 보컬과 결혼하려면

'키레이, 키레이'
노래하는 당신에게 한 무리의 남자들이 외친다
나는 더 좋은 말을 주고 싶다 이를테면

'한 여자에게 반하면 외국어를 배우고 싶어지나 봐'

대추가 한 말도 넘게 나왔다네
아무나 붙잡아 목말을 탄 채 외치고 싶지만 난 그냥
록 페스티벌 불볕 아래 벌게진 한국인 여자애

돌아오는 길엔 '내한'을 찾아봤어

— 외국인이 한국에 오는 일
이건 내가 바라는 것

— 다른 사람에게서 온 편지
이건 당신 손에 쥐여 주고 싶은 것
(난 다른 사람이 아닌데)(그럼 뭐야?)

나는 사전을 펼쳐 나만의 내한을 추진하는 사람

모에카 씨, 안녕하세요
첫눈에 반했다고 말하면 역시 곤란한가요

저기, 저는 사실 시를 쓰는데
바다 건너편으로 찾아가 당신을 만나고
반소매 티셔츠 만드는 사람이 될게요

서로의 이름이 적힌 옷을
하나씩 바꾸어 입을래요?

그런데 한 여자에게 사랑한다고 하려면 외국으로 가야 하는 걸까요

이다음에 만나면
서로의 언어로
끝말잇기를 시작해요

보나
나마에
에로스
스키
키싱 유
유메
메리 미
미로
로
로
로

노래할까요

탕에 들어갔다 나오는 사람

남자의 손이 내 몸을 쓸고 간
버스의 오후

— 목욕합니다
다섯 자 앞에 멈추어 선다

누군가는 사우나에서
104도의 열기에도 도망치지 않는 법
그런 걸 수행하고 있겠지

……난 그냥 탕에나 들어가고 싶어
 욕조엔 어린아이 손에나 어울릴 작은 고무공이 가득해 풀썩 뛰어들면 푸르고 가벼운 공이 까르르 탈출하기 시작하고

 말캉한 가슴을 뚝 떼면 와하하 웃으며 도망치네 창밖은 밤이야 스쿨버스 경적 소리 들었어? 바깥으론 아이들이 끝도 없이 내리고

보여?
푹 가라앉은 몸에서 끓어 넘치는 연기
욕조를 나서면

얘야
한창 물세례를 받고 있는 여자들이 불러 세웠어

(우리는 유황천에서)
                    (달걀과 제 몸으로)
"지옥의 특산품을 만들어"
                    "끓는 물에서 다시"

(태어난 것에선)
                    (특유의 냄새가 난단다)

"자네, 모욕 좋아하는가"
여자들이 익힌 것을 건넨다
받아 삼킨다 열이 오르고 목이 막힌다

애야
여왕처럼 고개 들어

(15세기엔 목욕 대신)
                (모욕이라 했단다)

"헝클어진 머리에
거품 왕관을 만들어"

나는 모욕의 왕
다 터질 때까지

장수민해독센터

우린 다 중독된 거예요
선생님이 한 발로 서서 말했다

어디서 주워들었는데 미움은 폐에 남고
그리움은 쓸개에 남아요

우리는 센터에 남아
배꼽 한가운데에 기를 모았다
그래도 배꼽은 힘이 없었지만

두 다리를 엇갈아 누군가는 물구나무에
어떤 분은 고꾸라지기 자세에 도전해서
미동도 없는 사람이 되었는데

한 번쯤 죽었다 돌아온 사람 같았다
센터장님은 친절했다

우리는 온몸에서 독소를 밀어내길 바라며
척추 마디마디를 열로 채웠다

갈비뼈를 열고

뒤통수에 발꿈치를 가져다 대느라
두 눈이 부릅뜨였는데

창가의 몬스테라가
새로운 동작을 배우고 있었다
빛이 닿은 잎사귀에 구멍을 내고 있었다

총성 없이 선명하게
순조롭게

등에 점이 많아요
한 여자가 뒤에서 말을 붙였다

좋은 것만 드려요

사세요 이것은 효녀손입니다

효녀는 당신의 등을 긁고 할퀴며
영혼의 지퍼를 탐색하지요

산에서 발견된 신령한 물은 몸에서 나쁜 성분만 내보낸다고
관광객들이 길을 오릅니다
온몸으로 땀과 복을 흘리는군요

비정제 당신의 무색소 영혼이
땀구멍으로 흘러나오기 전에

수습을 합시다
마십시다 약수라도

작은 돌만 골라 쌓았는데
소원은 거대해져서
돌탑은 작은 바람에도 무너질 것 같고

컨테이너의 문을 닫을 때면
오늘 겪은 것 중에 가장 좋은 일을 떠올려봅니다

0이라는 수가 인도에서 발견되었다는 사실이 떠오르는
내리막을 지나고 천축모란 곤륜산 치솟아 오르고

눈이 다 밝아집니다
약수의 효능일까요

조심스레 손을 펴면 잔금이 보여서
알 수 있습니다
영혼이 깨졌다는 것을

기다려줍시다
이가 나간 영혼이 지퍼를 올릴 때까지
플라스틱 날개를 단 사람이 힘껏 달려 바람에 안길 때까지

어느덧 노란 꽃을 층층 피운 산수유
외국인들이 사진을 찍으려고 기다리고 있습니다

브이,라고 해볼까요

수련 일지

고해소에 가지 않은 지 5년
요를 개고 창을 엽니다

엄마, 어제 외울 강(講)에 대해 새롭게 배운 것이 있어
 그 말엔 처음 집도하는 제의를 연습하는 수습 사제의 떨리는 목소리가 담겨 있었어

수습 사제는 기억에 의지하지 않을 때까지 연습한다지
어떤 이의 목표는 지금까지 배운 것을 잊는 것 같아

한번 엎지른 먹이 사람의 모습으로 따라다니는 거라면 나는 늘었다 줄었다 하는 아이 손을 잡고 다니는 엄마의 마음을 알 것도 같은데

엄마, 우리는 왜 기도문을 발명하는 걸까
아제아제 바라아제 아베마리아

사람들이 흔들이 눈떴을 때 이미 병실에 엎질러졌던 저녁놀 그날 보호자 침대는 비어 있었어 병원에 딸린 성당

에 갔어? 번지던 주홍빛 그래도 아제아제 바라아제 그러지 말았어야 해 악성종양을 떼려고 사람들이 내 침대를 끌고 갈 때 그림자만 길게 쏟아지던 해거름에 미제레레

　그림자를 붓에 입혀 글을 쓸 수 있다면 아직 쓰지 못한 잉크가 밀려와 발끝을 적시고

　다 외운 기도문을 잊으려면 어떻게 해 엄마,
　그림자는 짙고

　난 다 쓰고 갈 거야 희붐해질 때까지

부추와 나

 부추를 씻고 비를 기다린다 따뜻한 걸 먹고 싶어 네가 젓가락을 짝짝 튕겼더니 공기가 서서히 부풀어 식탁의 나뭇결을 따라 탄산수가 흐르네 너는 등 뒤에서 발목을 철벅이고 나는 입술까지 잠기네 계곡 아래 사람들이 잎사귀처럼 웅성거리며 청사과의 낙과율을 헤아리는 시간 흩뿌리는 여름비 아래 야생 부추가 푸른 불티처럼 제멋대로 뻗쳐 오는 사이 젖은 맨발이 차박차박 다가오면

 유리잔을 좋아하는 이유는 너의 지문이 보이니까 심지어 내 거랑 구별도 안 가니까 발밑으로 굴러온 사과를 거둘 때처럼 내 귓불은 달아올라 있을지도? "오이 부추 미나리가 피를 맑게 한다지요" 뻗친 머리로 너는 날 걱정하고 나는 이미 맑은 것 같아 다 비치도록

성물방

 주일이 오면 묵주를 판다 은빛 구슬을 길게 꿰며 흘러나오는 혼잣말을 듣는다 심판이 다가온다 은총이가 엘사 드레스를 끌고 놀러 온다 성가집을 딛고 유리 장식장을 구경하는 놀이 흰 미사포와 마리아상의 가격표를 뒤바꾸는 놀이 나는 마른걸레로 촛대를 닦는다 놀이는 아니고 초의 밀랍과 심지 중에 어느 쪽이 더 괴로울까 생각하는데
 언니 이름이 뭐야?
 안나
 걘 엘사 동생인데?
 종이 울리면 언니와 동생이 동시에 돌아본다 문을 연 사람이 다시 닫는다 공들여 닦은 유리에 작은 지문이 잔뜩 묻어 있다 거기 뭐 있어? 까치발을 해도 은총이는 못 봐
 스위치를 누르면 빛의 상자
 불을 끄면 고요한 상자
 병아리가 눈 뜨길 기다린다고 말해준다
 진짜? 은총이가 요술봉을 떤다

 심판의 날이 적힌 책을 찾는 사람들이 종종 들렀다
 종이 울렸다 주일이 오면

슈베르트 방은 말한다

어제는 웬 할머니가 왔어

피난을 떠나며 버린 풍금이 꿈에 나오더이다
뭐라도 연주해달라는 듯
건반이 자꾸 반짝이더이다

선생님은 할머니를 어머니라고 불러 자기 엄마도 아니면서 어머니 여기는 미예요, 미
어머 어떻게 알았어요 나 미애예요

미애
인간의 생이 몇 장짜리 악보이고
하나의 곡을 반복하는 것이 연습이라면
하나라는 고통을 되풀이하는 인간은 어떤 악기인 걸까

검은 피아노를 마주하면 알게 되지 손안에 흰 달걀을 쥐고 살아왔다는 것을
그것을 지키려는 자도, 깨뜨릴 각오로 두드리는 자도 있어서

가끔 궁금해져
어떤 사람들이 마지막까지 노른자로 손을 적시는지

사람마다 틀림없이 달리 들리는 종잇장들이 내 바닥에
교교히 펼쳐져 있다 미애
저거 말고 이걸 연주해주면 좋겠는데

백봉령 버터 박물관

1

눈부신 빛 속에 있어서 그런지 황금빛으로 보여.
바보야, 버터는 원래 황금빛이야.
그런데 정말 환한 직육면체였다. 대관절 영문을 알 수 없지만 눈앞에는 크림, 우묵한 양푼 그리고 핸드 믹서가 놓여 있었다. 휘저어보라는 듯, 당신도 꿈의 버터를 손에 넣을 수 있다는 듯이.
추운 곳이었다. 추위를 잊을 수 있도록 마구 저었다. 젖 먹던 힘까지 끌어올리려 애쓰면서. 젖 먹던 힘? 내게 그런 힘이 있다고? 힘이 흘러나온 손끝에서 크림이 서서히 응고되기 시작했다. 버터를 만들려면 젖 먹던 힘까지 필요하구나.

2

너무 짜. 연기에 둘러싸인 그가 말한다. 가염 버터라니, 생각이 있는 거야? 불꽃이 튄다. 고기는 어둠 속에서 뻣뻣

해지고 있다. 하지만 각별한 버터잖아. 우리의 그날을 기념하는 거잖아. 특별한 날에 먹자는 건 당신이었어. 그는 혀를 차곤 밤의 산처럼 적막해진다. 난간에 놓인 담배가 라이터와 함께 사라진다. 남은 것은 들러붙은 검정과 나. 아, 적지 않은 양의 버터도 같이.

3

 쪽파입니까, 레몬 딜입니까?
 로봇이 부드러운 목소리로 물었다. 쪽파 주세요. 녹색 타라보살처럼 녹색 셔츠를 입은 여자가 말했다. 나는 버터 마스터다운 미소를 보냈다. 이곳엔 스무 가지 이상의 버터가 빛나고 있었다. 기계 팔이 젓고 인간이 빚어 완성시킬 것. 로봇에겐 젖 먹던 힘이 없으니까.

4

- 브레이크 타임 -

5

 버터에게도 쉴 시간은 필요합니다. 혼자 둘 때 단단해지잖아요. 우리 목장을 보시겠습니까? 느끼하지 않아요, 적당하면. 우린 다 젖을 먹고 자랐잖아요. 언제까지 그럴 순 없잖아요. 이젠 버터를 먹어요. 기름지다기보단 퍽퍽하고 갈라진 목소리였지만 그가 느끼해 보인 까닭은 언제 감았는지 모를 번뜩이는 머리 때문이었다.

6

 당신은 지금 없는 버터를 찾으러 왔군요.
 내겐 약간의 버터가 필요해요.

젖 먹던 힘이 필요하단 뜻이군요, 손님.

7

어째서 나는 버터 박물관에?

3부

딸기의 고장에서 태어난 사람

워킹홀리데이 회화반에서 그 사람을 만났다

한겨울이면 마을에는 딸기가 넘쳐서
— 딸기?
— 딸기!
이런 인사가 일상이라고 했다

구시대적이라 지금은 사라진
미스딸기대회가 열리기도 했고

"당신이 내 주머니에 딸기를 넣었어요"
누군가에게 첫눈에 반하는 순간 이렇게 고백하기 마련이라나

"그분은 딸기가 없는 곳으로 떠나셨습니다"
누군가 떠나면 묵념을 올렸으나
교인들의 반대에 부딪치는 추세라고 했다

천국에도 딸기는 있다나

호주 브리즈번의 한 농장,
과도한 볕 아래 허리를 수그리고
너무 많은 딸기를 따고 있으면

간간이 그가 떠올랐다
가장 좋은 것을 딸기,라고 부르는 사람에게
딸기에 뒤덮인 나는 어떻게 보일까

우리 앞엔 저마다의 이랑이
숨 막힐 만큼 새빨간 딸기가
펼쳐져 있다

언젠가 찾아오는 겨울을
제철이라 믿으며
발버둥 치는 딸기,

겨우내 무르익은
못생긴 딸기, 물크러진 딸기, 작거나 멍든 딸기가

이곳에서는 전부 나의 것이다

제일 못난 딸기를 따서
가장 빨간 부분을 베어 문다

그리고 딸기의 일부가 내게 스며들게 놔둔다

바티칸에서 온 사람

 지하철 옆자리에 교황님이 계셨다. 눈부셔. 나는 노트에 시를 쓰고 있었다. 뭘 쓰고 있느냐? 교황님이 물으셨다. 보여드렸더니 우셨다. 정말 감동적인 시로다. 그게 이 시는 아니고.

 누가 왼팔을 툭툭 치길래 그만 꾸벅거리고 눈을 떠 보니 옆자리 여자였다. 여자는 한 뼘도 안 되는 유리병을 내밀며 속삭였다. "성수예요." 정말 투명하고 찰랑였다. "어디라고?" 할아버지께서 갑자기 눈을 뜨며 외쳤다. "약수예요." 할아버지께서 다시 눈을 감았고 여자는 속삭였다. "하나 들이셔요. 바티칸에서 온 진짜배기예요." 번뜩. "그걸 어디 쓰는데?" 할아버지는 궁금하고. "아무 데나 다 쓰셔요." 그보다 나는 아무 데나 축복이 필요한 사람이 궁금해진다. 침목을 베고 자듯 헉 소리를 내며 깨어나던 무수한 새벽. 기적 소리를 들은 듯 서둘러도 제 신호에 건너지 못하는, 짐도 잠도 많은, 모든 길이 통한다는 로마까지 가서도 예약에 실패해서 바티칸은 꿈에도 보지 못한 비행운 인간. "쿵, 그게 성수인지 어떻게 알아?" 할아버지 코를 들이마시며 뇌까리시고, 여자는 웃으며 "마셔보실래요?" 눈앞에 성수가 들이밀어진다. 마실 수도 있고 피할 수도 있다. 이 물은 모든 것을 치유한다. 나는 나아간다. 소음을 끌고 달리는 열차를 나서 낮을 가르며 걸어갈 수 있다.

왼편으로 빈 손을 내밀었고, 누군가 뭘 없는 감촉을 느꼈는데, 그것은 차갑지도 찰랑이지도 않았다.

무국적 발자국

한낮에는 싸락눈이
저녁에는 친구들이
오던 날
다시 태어날 수 있다면
무엇으로 살아볼래?
지혜: 뱀
은민이: 식충식물
나: 일단 사람은 아냐
촛불을 불면
눈앞의 모든 사람이
순식간에 사라지는
생일이 좋았다
내게 말을 거는 얼굴을
적의 없이 바라볼 수 있어서
타인이 건네는 목소리를
두려워하지 않아도 되어서
코끝에는 연기 냄새
어두운 세상에서 다들
제 몫의 접시를 들고

서 있다는 걸 안다
우리는 형광등을 켜고
무럭무럭 김이 나는 음식에
숟가락을 들이대며 웃는다
케이크를 자르면
빈 자리가 커지고
날 부르는 목소리를 경계하며
살아간다 해도
한 번쯤 불을 껐던 그 입으로
누군가를 새로이 축복할 수 있기를
넌 아냐로 살고 싶다며 그건
러시아 이름
사람들을 배웅하고 돌아오자
머리 위로 함박눈이 쏟아졌다

겨울 나라에서

"펭귄 몸무게를 어떻게 재는지 알아?"
그의 물음표에 나는 고개를 휘저었다

"이렇게 하는 거야"
그가 날 껴안았다 한순간에

심장이 헤엄치네
나는 눈보라의 고장에서 왔어
정어리 말고도 한 아름 안아보고 싶어진 것은

인간

널 품어서 무언가 태어난다면
아마 여자일 거야

바다거북 알은
따뜻하다고 느껴지는 곳에서
암컷으로 깨어난대

슬픔으로 뒤범벅된 너의
여자 눈물 여자 콧물 여자 발바닥을
쪼아줄게

태어나게 해줄게

좋은 것을 다 모아 붙인
황제펭귄 임금펭귄 으뜸펭귄처럼

사람의 몸뚱이는 따끈하고 단단한 게
누가 품던 알 같다

다 뜻이 있겠지

 어쩌면 달콤함은 그리 쉽게 얻어져선 안 되는 것일지도 모르겠습니다. 눈앞에 다가왔다 달아나는 차갑고 달콤한 아이스크림을 낚아채지 못했더니 그런 생각이 다 드네요. 씁쓸하네요. "맛있겠지? 미칠 것 같지?" 그런데 당신이 내 맘을 어떻게 알지요? 터번을 감고 수염이 풍성한 당신이 그것을 정확히 한국말로 옮기다니요! 당신은 딸기 맛, 피스타치오 맛, 블루베리 맛이 날 것이 분명한 세 가지 색 덩어리를 디밀어 나를 끌어들입니다. 어느새 거리에 모인 사람들이 쩔쩔매는 날 보며 웃어도 내게 손 내미는 건 당신뿐. 당신은 분명 따뜻합니다. 그것이 내가 당신을 믿는 이유. 나는 몰라요. 내가 어떤 대가를 치렀는지. 모르지 않아요. 당신이 내게 준 것과 주지 않은 것을. 그저 당신은 날 시험하고 있을 뿐이라고, 이대로 당신에게서 뒤돈다면 그것이야말로 내 잘못이라고 사람들이 말해요. "세상에서 제일 나쁜 놈 같지?" 나는 어느새 튀르키예어로 생각을 하고 있었나 봐요. 내가 미처 고백하지 못한 응어리까지 당신이 훤히 읽잖아요. 보세요, 나의 분홍, 연두, 차가운 희망. 그것은 서서히 반짝이며 다가와요. 나는 믿어요. 조롱당하면 맛있어지는 것도 세상엔 있으니까요.

물에 빠지는 이 모든

 신년은 어디서 옵니까? 인천공항을 헤매다 찾아든 기도실. 소리를 죽이고 고개 숙인 회교도를 보았다. 바닥의 나침반이 동서남북을 가리켰다. 나는 기도할 것이 없었다. 이국의 박물관에서 나무와 석고로 만든 신전을 보았다. 벽이 없었다. 세찬 바람을 맞으며 조각상 앞에 무릎을 꿇었겠지. 신의 일은 고개 숙인 시선을 견디는 것. 나는 파인더에 신의 얼굴을 가두었다. 빛에 잠기면 훼손되는 신성의 표정. 거리로 나오면 크리스마스 마켓. 노천카페 개들이 코를 비비며 친교를 나눴다. 개를 죽일 만큼의 유황이 사람 몸에 있다고 어디서 읽었던 것도 같은데.* 손을 주니까 핥은 개가 깽깽 짖으며 뒷걸음질 쳤다. 차가워진 양 손바닥을 비빌 때 코끝에 아른거렸던 타는 냄새. 내가 가진 유황은 나를 태울 만큼 충분할까. 집의 개수대에서 그릇을 부시며 묻는다. 나는 설거지를 하는 동안 세상에 등을 돌릴 수 있다고 믿는다. 설거지통에 맨손을 깊게 빠뜨리자 열 손가락이 일그러져 보인다. 그것에 닿으려고 머리를 숙이는 순간. 물이 나를 촬영했다. 그것이 마지막 기억이었다.

* 올가 토카르추크, 『방랑자들』, 최성은 옮김, 민음사, 2019.

폴란드식 기념품

"내가 점을 봐드리지, 아시안 레이디여" 집시 할머니가 다가왔다 마치 오래된 은행나무 고목과 마주 선 것 같았다 카페 테라스에서 거칠거칠한 손가락이 생명선의 후반부를 누른다 "너와 그녀, 이쯤에서 헤어질 운명" 그녀라니, 나는 내가 만난 여자들을 떠올린다 가족일까, 동료나 친구일까? 아니면 내가 아직 만나지 못한 여자일지도 모른다 생의 후반에 만나 함께하게 될 운명적인 사람이라…… 거실에 둘 시계를 같이 고르려나? 그런데 나는 언젠가 만나게 된다는 운명의 시계태엽을 붙들어둘 자신이 없었다 내가 배우려 한 건 캔들을 빚는 법 녹이고 굳힌 하트를 건네며 여기에 불 좀 붙여달라고 하려 했는데 그의 신탁은 멈출 줄 모르고 흘러나온다 "자네 인생엔 두 번의 키스가 남았어"* 의자에 둔 가방을 챙겨 카페를 나섰다 이상하게도 몸이 가벼웠다 "자기야, 뭐가 없어졌어?" 다급하게 짐을 뒤적이는 내게 금발의 현지인이 눈썹을 팔자로 만들며 물었다 글쎄, 납작복숭아 한 봉지? 그런데 만약 그가 손댄 것이 나의 운명이라면?

동유럽 광장에는 타로 카드 78장 안에 담기지 않은 여러 빛깔의 눈동자들이 펼쳐져 있었다 나는 복숭아처럼 혈

색이 좋은 뺨들을 스쳐 지나며 남은 삶에서 마주치게 될 수없이 많은 문에 대해 생각한다 내가 먼저 열어젖히기도 하고 우연히 열린 틈에 급히 몸을 던질 때도 있었던, 손잡이가 달리거나 두드릴 수 있게 생긴 나무와 유리에 대하여

* TV 프로그램 〈로맨스의 일주일 4〉 출연자가 외국에서 점을 보았다. 집시는 이렇게 예언했으며 나도 그때 그것을 들었다.

차이나타운

 사람의 얼굴을 흉내 내는 희고 둥근 것. 제갈공명이 사람 대신 바쳐 험한 물살을 가라앉혔다는 제물. 한국으로 온 그와 차이나타운을 걷다가 본, 열 오른 화덕에 오밀조밀하게 붙어 물집처럼 부풀어 오르는 밀반죽. 그것을 나는 '만두', 그는 '사모사'라고 불렀다. 우리는 물만두를 시켜 허옇게 불은 반죽을 나누어 먹었다. 어디서는 갓 튀긴 사모사를 주문하기도 했다. 사모사는 정삼각형. 그가 김이 펄펄 나는 사모사를 잘라 건네면 나는 향신료 맛이 짙은 직삼각형을 맛있다는 듯 삼켰다. 그가 공장에서 한국어로 된 주문에 따르는 사이 나는 강의실에서 『이생규장전』을 펼쳤다. 우리는 여러 개의 만두를 먹고 서로의 피로하고 부드러운 얼굴을 쥐었다 놓았다 하다가 손을 놓았.
 내가 한평생 만난 사람의 얼굴을 밀가루로 빚으면 만 개 넘는 만두송이가 지평선까지 펼쳐질 것이다. 너무 많고 무수히 희어서 몇 개나 있는지 헤아리기 힘든, 해쓱하고 둥글고 차가운 반죽.
 이 생에서 앞으로 얼마나 더 많은 만두를 빚어야 할까.
 만두 가게 주인은 뭉게뭉게 솟아오르는 수증기 사이에 숨어 무엇을 빚고 있는 것일까.

그와 헤어진 뒤로 가끔 타오르는 솥 안에서 익어가는 천 개의 얼굴이 나를 노려볼 때가 있다. 그의 고향에서는 팔이 네 개 달린 신을 '비슈누'라고 부른다. 신은 몸을 여러 개 가졌는데 나한테는 딱 하나밖에 없다. 몸도 마음도, 내가 가진 단 하나뿐인 것 중에 아무것도 바치지 않아서 신은 화가 난 것일까. 한 사람이 가진 천 개의 얼굴이 만개할 수 있도록 나는 솥뚜껑을 가만히 열어준다.

눈송이를 위한 자장가

1

한국의 ( )은 아름다워요 ( )에는 꽃 피고 ( )엔 아이들이 물장구치고 ( )엔 벼가 익고 ( )엔 눈이 내려 산을 덮어요

당신은 종이를 내밀고 남자는 회갈색 연필로 빈칸을 채운다 대학에서 연결해준 결혼이주여성지원센터에서 당신은 한국어를 가르쳤다 차트라 씨와 같은 공장에서 일하는데 비자를 연장하고 싶어 한다는 남자와 당신의 눈길이 얼결에 교차했다 눈이 깊었다 둘 다 한 장의 종이를 원하는 처지였다 서걱서걱 그렇게 일요일마다 봉사 확인증과 한국어능력시험 1급 자격증이 서서히 인쇄되기 시작한다

2

쌀알처럼 많은 낱말을 주고받다가 추석이 오고 남자가 먼저 입을 열었다 게장이에요, 먹으면 좋아요 손사래를 치던 당신이 밀폐 용기를 받고서야 그가 웃었다 제가 만들어요

당신은 돌아와 쌀을 씻는다 처음이었다 자기만을 위해 소복한 흰밥을 짓는 것은 가볍지가 않았다 외국 사람이 손질한 게를 받아먹는 마음이, 출렁이는 통을 안고 김포에서 동묘까지 이르렀을 마음이 꽃게를 뭉근하게 조리는 것 그런 게 사람의 일이어서 연갈색 손길이 휘저은 자리마다 금빛이 차오른다 서느런 살이 달금하게 내려앉고

3

 눈이 와요
 옆에서 걷던 남자가 눈, 하고 따라 하더니 어룽거리는 눈송이에 혀를 날름 내민다 웃음이 터진 당신이 일순 고꾸라진다 발목이 쩡하다 망설이는 손이 가까워진다 고개를 젓는다 그때였다 눈앞에 한 사람의 등판이 펼쳐진 것은
 바람이 슴벅슴벅 분다 하얗게 이지러지는 설편들 어깻죽지를 꼭 붙들고 당신은 그의 걸음을 센다 사람의 등에 업힌 천7백 보 그동안 내린 눈송이의 수는 얼마나 되는지 두 사람이 함께 보낸 날을 초과하는 눈송이가 당신 등에

쏟아지고 있었다

4

हिमालय
남성형 명사
고대 인도어인 산스크리트어로 눈을 뜻하는 '히마(hima)'
와 거처를 뜻하는 '알라야(a-laya)'가 결합되어 생긴 말로
눈의 거처 즉 '만년설의 집'을 의미한다*

5

 남자가 당신의 손등을 긁는다 눈이 녹는 기분 커민과
정향의 찌르는 냄새 산스크리트어가 할퀴고 간 당신 손등
 눈바람이 컨테이너를 뒤흔들 때면 그가 설인이 나오는
이야기를 들려준다
 저기 봐요, 예티 오나 봐요 크고 힘세요 산 오지 마, 발

쿵쿵거려 눈 많이 떨어져요 히말라얀들은 눈에 발 보면…… 네? 아 발자국! 저기 예티 갔네 해요 보고 싶어요?

6

종이를 품은 그가 비행기에 오른다 금방 올게요, 속삭이는 남자에게 안겨 당신은 가벼워진 사람들의 옷차림을 본다

새 학기였다 샘 남자친구 있어요? 고개를 젓는다 웃으며 운동장을 가로지르는 모교의 아이들

저녁이면 당신은 스스로 시험지를 채점한다 여기 눈 많이 와서 전기 꺼졌답니다 (O) 잘 챙겨 먹어요 (X) 그가 푸석푸석한 밥 사진을 보낸다 그는 한국 식당을 차리는 것이 꿈이라고 했다 당신의 꿈은 선생님이었다 (O) 그가 새하얀 종이를 내미는 날, 당신은 두 사람의 이름을 달게 채워 넣을 수 있을까

흰 빗금을 치며 비행기가 강하한다 바람이 종잇장을 날린다 당신은 유창하게 이별을 말한다 다가드는 연갈색

손을 바라만 보았다

  메시지가 쏟아진다 휴대폰이 몸부림친다 밤마다 쳐들어오는 떨림에 응답하지 않는다

  그의 전화번호를 누른 오후 존재하지 않는 번호입니다 깨끗한 목소리가 당신을 찌른다 그제야 궁금하다 눈의 고향은 어디일까

7

  깊은 밤 그가 청사초롱을 들고 서걱서걱 눈길을 오른다 폭폭 눈 내려도 사그라들지 않는 붉고 푸른 등불 당신은 손을 뻗는다 이상하다 손등에 어떤 눈송이도 내려앉지 않는다 알 것 같다 한 번의 생에 허락된 눈송이의 수를

8.1

그것은 네팔 카트만두를 덮친 강진의 크기

눈앞이 희어진다
고개를 젓고 발을 굴러도
앵커는 유창하게 전한다 수많은 사상자가 나왔으며

6.4

수십 차례의 여진이 이어지고 있다

❊

설인이 왔다 간 (   )이었다 진동으로 손이 울린다 어머니의 전화였다

느이 큰이모 응급실이다 글쎄 안나푸르나 간 사람이 준 석청 먹고 숟가락을 쪽 빨다 넘어갔어 얼굴이 보랏빛이 돼선

창밖은 목련
문드러지도록 자목련

당신은 눈의 이름에 허락된 만년을 생각한다

* 네이버 지식백과 '히말라야' 참조.

4부

첼리스트

죽은 사람을 장지에 묻고
돌아오는 길이었다

악기를 하나쯤 다루고 싶어서
대여점에 들러
첼로를 빌렸다

48인치짜리 첼로는
생각보다 육중하였고

나는 그것을
겨우 끌고 들어와
문을 닫았다

소파 옆에 세워둔
첼로는
공습경보를 들은 사람처럼
창밖을 보고 있었다

첼로를 만드는 가문비나무는
추운 땅에서 자란 것일수록
좋은 음을 낸다고 들었다

촘촘한 홈을 가진 나무가
인간의 지문 아래
불가사의한 저음을 내는 순간

더운 음악회장에서 깨어난
소빙하시대의 음표들이

빛을 향해
솟구치는 광경을

죽은 사람과 함께 본 적이 있었다

가슴에 첼로를 대고
활을 그었다

첼로의 무게를 견딜 수 있도록
내 몸의 윤곽은 분명해지고 있었다

하얀 나방이 숲으로
떠나가는 깊은 밤

수목 한계선에서
빽빽하게 자란 검은 나무 아래

영혼의 손가락 끝에
홀연히 돋아나는 동심원들

숲의 한가운데에서 쉼 없이 악보가 넘어가고 있다

걸어도 걸어도

인적이 드물어서 지도를 펼쳤습니다
내가 디딘 선분들은 나를
굴다리로 이끌더군요

별 한 줄기 자라나지 않은
침침하고 서늘한 깊이에
잠깐 몸을 적시고 알게 됩니다

그러고 보니 이번 생에선 아직
반딧불이를 본 적이 없잖아

그런 게 날아다닐 만큼 컴컴한 곳에 가려고
신발 끈을 묶은 적은 없었습니다

걷는 수밖에 없는
어둠을 통과하는 길

굴을 지나야 꽃이 피어요

백련 한 송이
물에 어린 그림자 한 송이
이내 눈앞을 물들이는 아라홍련들

연꽃은 진흙탕에서 피어난다고 합니다

전설에 따르면
어떤 여자들은 연꽃에서 태어난다며
뒤따라 나온 할머니가 물어보네요

혹시?

스위트 나이트

단밤아
아직 금줄에 뭘 달아야 할지도 모르는데
네가 헤엄쳐 온다고 들었어

유행하는 이름은 싫어
내가 좋아하는 말은

3월, 4월, 7월
팔레트
한지, 배냇니, 버선코

디어 노아,
검은 눈동자에 질려버리거나
하루쯤 주일예배를 빼먹고 싶은 날엔
이름을 준 한국 이모를 탓하도록

친구의 피넛버터샌드위치를 뺏어 먹는
땅콩 알레르기를 가진 커밀라로서
갈비뼈가 간지럽도록 웃어보기도 하고

얼그레이
오리하르콘
도련님 도시락

대니얼
햇빛이 널 태워도 씩씩하게
연인을 찾는 긴 모험을 떠나

너희 엄마와 나는 사실
한 사람을 동시에 사랑했어
콘서트장 옆자리에서 만난 사이거든

네가 춤출 땐 크게 박수 쳐줄게
그게 누군가를 응원하는 사람의 작은 기쁨

킴, 왜 낳았냐는 질문은
낮에만 하기

이다음에 한국에 오면
과꽃을 빌리러 씨앗 도서관으로 가자

어질 인이나 기쁠 희를 갖지 않아도
엄마의 한국어가 부드럽게 들리지 않아도
네 고향으로 돌아가라고 누가 소리 질러도

화분 하나만 있으면
새순도 꽃봉오리를 올리는 건 금방이라고
대꾸할 수 있도록

"넌 시인이니까 아기 이름 좀 지어 줘"

빈손으로 오는 단밤아
너희 엄마 목소리 어쩜 이렇게 큰지
바다 건너 여기까지 향유고래 무리가 헤엄쳐 오네

공휴

무슨 생각해?
그냥 은행에서 나눠 준 달력 생각해
돈을 불러온대서

줄 서서 받은 거?
응, 올해 휴일은 이틀 늘었대 동그라미 쳐두었지
그런 이야기 하고 있는데 불현듯

희뜩번뜩한 날치 떼를 보고 싶어졌다

열차에 타고 있으면 어디로든
갈 수 있을 것 같은 기분

하지만 실은 그냥 오래 쪼그린 상태
설핏 졸던 네가 문득 빨간 실타래를 꺼냈다

그 털실은 아주 두꺼워서 순식간에 손가방이 완성되더라
그런 실이 필요했어

이틀 늘어난 휴일을 단단히 옭아매어
마음 놓고 우리를 내던질 수 있도록

우리가 모르는 곳으로
은행도 달력도 없는
바다에서 바다 밖으로
솟구쳐 나는 은빛 지느러미처럼

잠시

토마토를 골라줘

맛이 진한 쪽?
즙이 많은 쪽? 매끈매끈한 쪽?

좋은 토마토란 뭘까

토마토가 붉게 영글기까지의 햇빛
내가 스물셋이 되기까지 받은 햇빛

완숙과 후숙
어떤 일생이 더 짭짤한지
네가 견주어주면 좋겠어

아직 몰라 나는
우리 혀가 감각하는 다섯 가지 맛
넌 어느 쪽?

눈을 감아
이 도시의 면적
그만큼 너른 옥상에서 너와 하고 싶은 건

토마토가 다 자라기 전에 할 수 있는 모든 일

키 재기?
　　　　　쪽쪽
햇빛 쪽으로 몸 틀기?
몰래 미래라고 말하기?

때로 토마토를 던지기도 해
과거의 나에게
호랑이한테나 물려 갔으면 하는 사람에게

서로의 상체를 붉게 물들이던 너무 따가운 빛

있지,
어느 나라에서는 특이한 맥주를 판다

천사 맛 맥주와 악마 맛 맥주*
둘 중 하나를 꺼내 마시며

토마토를 골라줘
네 주위로 굴러든 수없이 많은
빨개진 얼굴

네 이름을 한자로 어떻게 쓰는지 알려줘

나는 여러 맛이 나는 맥주 사이
아직 없는 맛
땡볕에 다 그을린 미래에서 훔쳐 온 맛

캔을 다 비울 때쯤
네가 내 귓가에 흘린

너를 낳은 태몽의 배경은

* Liquid Death.

여름 느낌 단편

코어 근육이 없어서 벽에 붙어 앉는 편입니다

백색 페인트를 손수 칠한 방이 있습니다
비가 오면 침수되고
불이 저절로 꺼지는 이 건물의

맞은편에는 남자중학교가 있습니다
휴일에도 야구부의 훈련은 계속됩니다
타구 리듬에 맞춰 불은 꺼지고 또 켜지는군요

나의 언니는 신촌에서
야구 연습하는 걸 좋아하는 사람

동전을 넣으면 공이 날아오는 무인 연습장에서
타이밍에 맞춰 나와 언니는

배트를 휘둘렀습니다

졌습니다

어둠 속에서 공은 거듭 날아오고
언니는 쉼 없이 배트를 휘두르는군요

좌타 좌우타 우타

동전을 넣으면 언제든 게임을 할 수 있으니까요

나는 나에게 동전을 먹입니다
동전을 넣으면
언니 입술이 뺨을 스쳤으면 좋겠어요

사탕이 네 개밖에 남지 않았습니다

일식이 다가오면
빌고 싶었습니다

언니
나 코어가 없어서

언니에게 붙지 않으면 살아갈 수 없어요

2인용 고백을 연습하는 사이
비가 내렸습니다

피자두 한 상자를 주문했습니다

가고 싶었던 여름 축제
너무 무른 과실
늦게 도착한 여름 신상 티셔츠

피자두의 빨강을 한 알 한 알 씻으며
나는 한 사람만을 위한 고백을
알알이 쌓아가고 있습니다

나도 알아요

언젠가 이것은
다른 사람에게 좋아해요,라고 말하기 위한

예행연습으로 끝날지도 모른다는 것

하지만 나는
내가 받은 모든 편지를

과일 상자에 보관하는
그런 사람이 되기로 했어요

깨끗하지 않은 바다를 봐도 못 견디게 설렌 여름

상자 놀이

내 방엔
뜯지 않은 택배가 여러 개 있다

심심해지면 상자를 하나씩 열어본다

오래 기다린 상자는
갑자기 쏟아진 풍경에 깜짝 놀라거나
눈을 떴다고 생각할지도 모른다

그건 착각이야

누군가 눈 뜨기 전에 세계는 먼저
빛으로 눈꺼풀을 틀어막지

나는 상자가 간직한 것을 꺼내며 즐거워한다

울 니트의 시절은 지났고
이 세제는 필요하다

새로 산 화분을 꺼내
덩굴을 옮겨 심으면
내 손은 순식간에 흙투성이가 된다

그래도 돼
뮬런베키아 줄기가 휘어지는 방향을 따라가도 돼

식물은 쏟아지는 빛의 자취를 따라가며 자란다고
넝쿨을 안겨 주며 친구는 말했지

방을 둘러보면 여전히 상자가 수북하다

이삿짐이나
유품 같다

빈 상자가 늘고
열 만한 것이 사라져가면

나는 이 방을 통째로 들어
리본으로 묶을 궁리를 해본다

봄꿈

노래를 부르다 말고 허밍을 한다 너는 외우지 못한 부분을 음으로 채우면서 튼다 네가 흥얼거리는 팝송을 쓴다 엉망인 채로 따라 하려는 가사를

긴 손가락이 필요했어
베이스 기타를 배울 때
너의 풀린 끈에
매듭을 지어줄 때

바에서나 카페에서나
양지바른 곳을 피해 앉으려는 내 옆구리를
누군가 찔러주었으면 할 때도

시든 사과를 꺼내 깨물었어 멍든 부분은 여리고 먹을 수 있는 부위는 사각사각하다 내겐 네가 외운 선명한 후렴보다 그때그때 덧입히는 멜로디가 더 여리게 들리는데
창밖으로 흔들리는 서양칠엽수 한 나무에 얼마나 많은 새가 숨어 지저귀는지 너는 아니

천도복숭아 나올 무렵

 삼도천을 건넌 친구가 인형 뽑기 기계에 누워 있다. 눈이 마주쳤는데 슬쩍 윙크한다. 구해달라는 것일까? 같이 있던 지인에게 만 원을 꾸었다. 기회는 스물다섯 번. 자신 있게 버튼을 누르길 수차례, 옆자리에서 인형 뽑던 애들이 갑자기 환호하는 통에 친구를 떨구고 말았다. 못할 짓이군. 크레인에 매달려 대롱거리는 친구 모습은 청도 운문사에 답사 갔던 어릴 적을 떠올리게 했다. 절 처마에 늘어진 밧줄에 작은 석상이 힘겹게 매달려 있었다. 왠지 뽀얀 엉덩이를 내놓은 채였다. 와하하 웃었더니 스님이 꾸짖었다. 에끼!
 저이는 사연 있는 사람이다. 평생 착하게 살아 극락에 가게 되었는데, 가족들 친지들한테 인사하다가…… 다들 애통해해서 차마 발길을 못 뗀 거라. 바삐 걸었지만 중생들을 극락정토로 태워다 주는 용선은 이미 멀리 날아가고 있던 거라. 애고 어쩌나. 떠나가는 배를 보며 발 동동 구르고 울었더니 부처님이 가엾다 가여워 하며 밧줄을 슬쩍 내리셨지. 그 동아줄 하나에 악착같이 매달려 끝내 극락까지 갔다, 그래서 악착보살인 거라. 알았나?
 친구와 나는 불교 학교를 나왔다. 다들 밥 먹으러 간 점심이면 커다란 불상이 좌선하는 법당으로 몰래 들어가 불경 베고 자거나 방석으로 썰매 타며 깔깔 웃었다. 불경을 저질러서 이렇게 된 걸까? 어쩌면 친구는 보살이 되기 위해 시험을 받고 있는 건 아닐까?

드디어 친구를 붙들자, 부직포 바지가 홀랑 벗겨지고…… 순식간에 곤두박질쳤다. 코가 찡해졌다. 누군가를 수렁에서 구하려는 쪽이 처절할까, 빠져나온 순간 다시금 패대기쳐지는 쪽이 처절할까. 포동포동한 엉덩이를 보며 인형들이 웃었다. 틀렸어. 지인이 한마디 했다. 에이, 그렇게 하는 거 아닌데. 탑을 쌓았어야지. 아줌마, 대신 해줘요? 옆자리 녀석들이 웅성거렸다. 나 아니면 누가 친구를 구할 수 있을까. 그러나 내 운은 이미 예전에 다 소진해버린 것 아닐까? 망설이는 찰나 키 작은 아이가 끼어들어 버튼을 쾅쾅 눌렀다. 토끼, 사슴, 너구리…… 인형들이 마법처럼 등선하기 시작했다. 다들 뽀얗고 반질반질하고 표정이 밝았다. 홀로 남은 친구도 달덩이 같은 얼굴로 빙그르 웃고 있었다. 대박! 지인이 웃으며 어깨를 쳤다. 죽비로 맞은 듯 딱! 소리가 났다. 점찍은 놈 하나만 주면 점심은 자기가 사겠다고 했다. 나는 마음에 가볍게 점을 찍듯이,라고 중

얼거렸다.

  뽑기방을 나서자 거리에 좌판이 늘어서 있었다. 인상을 쓴 할머니한테 만 원 어치는 몇 개냐고 물어봤다. 성한 놈 다르고 멍든 놈 다르다고 했다. 세상이 온통 복숭아 천지였다.

음양 자르기

 시골에서 자란 리는 어릴 적 할머니에게 종이공예를 배웠다. 붉고 하얀, 두꺼운 종이는 고급지였기에 얇고 쉽게 구겨지며 거친 종이만이 그의 몫이었다. 이제는 머리가 하얗게 센 리의 주위에 가득 쌓인, 거리에서 가져온 광고지처럼.

☯

 중국에서는 춘절이 다가올 무렵 붉은 종이를 오려 만든 복(福) 자를 대문에 붙인다. 집안에 길한 기운이 깃들길 바라며 장식한 종이 글자는 색이 바래도록 문간에서 나부낀다. 정월 초하루가 밝으면 사람들은 리의 집을 찾아 복과 잉어, 거북 등 길한 문양을 청했다. 그러면 리의 할머니는 고개를 끄덕이며 창고로 가 빳빳한 붉은 종이를 들고 왔다. 문양이 들어설 자리를 가늠하며 종이를 응시하던 리의 할머니가 음, 소리를 내고 은빛 가위를 들면 둘러선 사람들이 침을 삼켰다.
 용, 모란, 관우…… 단 한 번의 가위질로 복된 문양을 끄집어내는 전지 공예는 약 천5백 년 전부터 이어져왔다. 하

수는 용 한 마리를 도려내기 위해 종이를 반으로 접곤 한다. 배나 사과 껍질을 깎을 때처럼 알맹이만 살리고, 남은 종이는 버리기 십상. 하나 장인은 무늬를 파내고 남은 부분조차 고스란히 음각 문양으로 보일 만큼 종이를 깨끗이 오려낸다. 종이 한 장에서 두 작품이 태어나므로 '음양 자르기'라고 부른다.

✂

리는 88올림픽이 열릴 무렵 왔다. 부산으로 가는 배에 숨어 밀항했다. 한국은 좋은 곳이라고 했다. 요리든 청소든 같은 일을 해도 세 배로 쳐 준다고. 그러나 가족들의 심한 반대에 부딪힌 나머지 몰래 짐을 쌀 수밖에 없었다. 떠나기 전날 밤, 리는 할머니의 은빛 가위 옆에 놓인 자신의 작은 가위를 광목천에 감싸 옷 사이에 넣었다.

그렇게 리는 식당에서 밥 짓고 손님들이 떠난 식탁을 닦고 세차장에서 남의 차를 정성껏 닦았으나…… 이상하게도 돈이 세 배로 불어나진 않았다. 가장 견디기 힘든 때는 정월 무렵이었다. 새해가 밝고 양력설과 음력설이 차례로 지나도 아무도 "이봐, 이번 해도 복을 부탁해" 하며 리를 찾아오지 않았으므로.

마른기침이 튀어나왔다. 자리보전한 지 오래되었다. 상자와 폐지를 주워 판 돈으로 연명했으나 이젠 리어카조차 끌기 어려워졌다. 아직 죽음이 드리우지 않았다는 걸 리는 알았다. 그런데 왜 자꾸 옛 생각이 나나. 리는 고물상에 가져다 팔지 못한 광고지를 만지작거리다가 자기도 모르게 용이며 모란이며 부채를 쥔 여인을 오리고 말았다.

그날 밤, 등에 '50%'라고 적힌 노란 용이 빛나는 몸을 흔들며 리에게 말했다.
"내가 왜 왔는지 알잖아."
"내가 외롭다고 해서 하느님이 널 보내셨니?"
용이 메마른 목소리로 웅했다.
"나는 네게 물을 주러 왔어."
"내 숨통을 도려 가."
"내가 만들 수 있는 건 길한 것밖에 없는데."

5부

꼬리 연습

허리 아래로 거리
울퉁불퉁합니다

깨끗하고 창백한 볕을 등지고
너의 체중이 실린 바퀴를 밀 때 나는

표정을 모르는 너의 꼬리가 된 것 같습니다

너의 휠체어는
내가 걸어가려는 방향으로
잘 반응하지 않았습니다

빛도 사람의 등을 민다
생각하며
뻗어 나갑니다

여기 지팡이 있어요

 설중매, 산사나무, 저마다 묘목 하나씩 고르는 장터에서 야구 모자 쓴 할머니에게 말을 겁니다 귀룽나무 하나 주세요! 그런데 할머니 말씀하시길, 흔한 건 안 팔아, 저기 물가 가서 그냥 캐!

 검색해 보니 물 좋아하는 귀룽나무 한 그루에 3천 원, 배송비가 7천 원 그리하여 나는 천변으로 향했죠 마을 주민에게 물었더니 주변에 아기 나무가 자랐을 거라나요 그 땅을 살살살살 파가지고 뿌리 똑똑 따선 재킷으로 후루루 안고 가라길래 기름진 땅에 무릎을 꿇었습니다 여린 가지에 대고 물었습니다 이 나무가 내 귀룽나무인가? 그때 삽 시간에 사위가 밝아지며 귀룽나무의 신령이 둥 나타나네요 장기 한판 두자네요

 저 장기 모르는데요? 그럼 마작 한판 어떠냐? 못 치는데요? 혀를 끌끌 차네요 맞고는 알고? 고개를 젓자 신이 묻는군요 그럼 그 오랜 시간을 무슨 재미로 살았냐고

 그예 바짓부리를 붙들었습니다 신령님, 저 작은 나무가 필요해요, 마음이 무너지기 전에 튼튼한 부목 하나 세우려고요

 신보다 유리한 게임이 필요해서 신령님과 나, 천변을

서성입니다 가위, 바위, 보! 물수제비 내기가 결정됩니다 나, 무릎을 꿇고 빌었습니다 매끈하고 가벼운 돌이 필요해요, 그러자 내가 믿는 신이 몸에 돌을 만들어 주었어요 그것을 꺼내
  던졌습니다 보았어요 물낯에 일순간 일던 수많은 흠집과 사라지는 흉터를
  아팠습니다 이제 신령님 차례입니다 신은 무엇을 내던질까요 그는 파문의 전문가인데요
  그러자 신, 경쾌한 걸음으로 물 위를 걸어 사라지고
  귀룽나무와 나, 수많은 발자국만 남고
  나는 만 원짜리 지폐를 강에 던지며 소리쳤습니다
  거스름돈은 됐어요!

  ── 이 귀룽나무 지팡이엔 대대로 그런 이야기가 전해집니다 어르신, 신의 가호가 필요하거든 만 원만 주세요

춘일광상(春日狂想)*

나는 셀카를 찍습니다
사랑하는 사람을 어깨에 태우고요
봄의 마지막 기억이 떠오릅니다
의사는 초음파 사진을 가리키며
목에 유두 모양 종양이 생겼다고 설명했고요
엑스레이와 시티, 이어지는 검진 속에서
나는 그만 방사선에 수차례 노출되고 말았습니다
어릴 적에 본 영화에서는
방사선을 맞은 동물이
돌연변이로 변신했어요
이제부터 나의 꿈은
괴수 김보나가 되는 것
헬리콥터가 날아들고
총을 든 군인들이 나를 둘러쌉니다
힘이 센 짐승이 되어 가장 먼저 한 일은 손을 흔드는 것
옥상에 모인 사람들에게
과거의 자신에게
화약이 터지는 광경을
불꽃놀이라고 부르는 여름

나무 아래에서 우는 것들을
매미라고 부르는 여름
매미 우는 소리가 거센 하늘 아래
어둑발이 내리네요
나는 침상에 누워 있습니다
꽃을 들고 올 수 없는 곳입니다
수술대 조명이 켜집니다
백열등이 환하네
나를 둘러싼 의료진이 칼을 주고받는 장면 아래
마지막 기억을 불러옵니다
이번 봄에는 공원에서
내리쬐는 햇빛으로 샤워를 하고
흩날리는 꽃잎 사이에서
사람을 찾고 있었습니다

* 일본 시인 나카하라 주야가 쓴 시의 제목. 그는 요절했다.

「미친 봄날 생각」

안녕 나
갑상샘에 암이 생겨서
방사선 약을 먹은 뒤로
알 수 없는 힘이 솟아나기 시작했어
팝핑캔디를 삼킨 때처럼
몸 안이 반짝거리더니
괴수로 변해버렸다?
이것 봐
광화문 사거리에
송전탑처럼 씩씩하게 서 있어
사람들이 가는 면발처럼 쏟아져 달려가는
정오의 사거리에서
텔레파시의 가능성을 실험하는 중이야
기억해?
전학 간 너의 긴 편지에 답장하지 않은 나를
너의 연락처를 지우지 못한 나를
명동성당 뒤편에 딸린 여고에서
너는 만화부였고
나는 클래식 기타부

알고 있었어
네가 날 좋아한단 거
복도를 지나다니는 수녀님들에게도
가로막히지 않았던 너의 마음
십자가 형태의 길에서 성호를 긋지
어른이 된 네가 여기 있다면
너를 납치해 걸어갈 텐데
기자들과 카메라가 화동처럼 뒤따르는 행진이야
스물셋에 처음 간 퀴어 퍼레이드에서처럼
일생에 단 한 번
잊을 수 없는 고백을 듣고 싶었지만
나는 늘
먼저 고백하는 사람으로 자랐어
환자복을 입은 다음부턴
미안한 사람들을 병상에 모아놓고
안녕 나 암이래
말하고 싶었어
사람 아니게 되어
모든 빚을 탕감받고 싶었어

성당에 못 들어간다면

                                      사각사각

창밖에서라도 미사를 구경하고 싶네
고딕 첨탑에 기대 낮잠 자고 싶네
하다못해 절 마당을 비로 쓸면서
발등부터 목덜미까지
누군가 필사한 경전의 글자로 뒤덮이고 싶네
마취총을 맞고
수술대에 올라도
감당하기 힘든 마음처럼 몸이 불어나도
용감하게 걸었다는 기억을 갖고 싶어
작년에 꽃구경을 한 벚나무 아래
(자리를 펴고)
기다릴게
만날 수 없는 사람

서칭 포테이토칩

 봉지를 열자마자 이것은 궁극의 감자칩. 낚시에, 드라이브에, 여가에 잘 어우러질 것 같았습니다. 싸우는 도중 자리를 비운 연인이 돌아와 이것을 내민다면 못 이기는 척 받아 물며 한풀 누그러질 수 있을 것 같았습니다. 하나 입에 물고 게임을 하자고 할 수 있을 것 같았습니다. 그러다 입 맞추고 어우야 어깨를 툭 치는 달콤한 상상을 불러일으키기까지 했습니다. 냄새를 맡은 아이가 다가와 하나만 달라고 손을 내밀면? 화가 날 것도 같았습니다. 사우론에게 절대반지가 있다면 세계엔 절대과자도 있는 법. 백 살까지 산다면 이 과자 덕분이라 말할 겁니다. 주마등처럼 어떤 장면들이 선택되어 눈앞을 스치겠지요. 그런데 그 장면들은 누가 고른 거지요? 알고 보면 인생에서 내가 고를 수 있는 건 과자뿐이었는지도!

십번기*

 바둑을 배울 거야. 신라면을 스폰서로 커제 9단과 붙을 거야. 화면에 일그러진 내 표정이 클로즈업될 거야. 패배하기 직전인데 티브이로 생중계될 거야. 질질 끈다고 참다못한 커제가 심한 말을 내뱉을 거야. 외국어여도 욕설이란 걸 알 수 있지. 그러나 통역사는 나를 위해 한국어로 욕을 통역해줄 거야. 나를 위한 욕이 수어로 중계될 거야. 나는 손에 땀을 쥐고 생각하겠지. '손에 쥔 돌이 내가 저항하기 위해서라는 걸 아는 사람은 많지 않았다. 손에 돌을 쥐는 것만으로 인생이 재편성되지는 않았다.' 그래도 케이블 바둑 채널의 시청률은 치솟을 수도 있겠지. 굴욕과 굴종을 기꺼이 맛보는 동안 바둑의 챔피언도 내게 한 수 배워야 할 거야. 나는 포기하지 않고 집을 지을 거야. 울다가도 신중하게 한 수 한 수 놓는 내 모습은 숭고해 보일 수도 있을 거야. 그러다 바둑판 앞에서 나는 한번 죽을 거야. 커제는 그때까지 이 판을 포기하지도 못할 거야. 포기하면 지는 거니까. 하지만 나는 이곳에서는 절대 포기를 모른다. 그때 내가 사랑으로 기른 염소가 다가올 거야. 힘내라고 내 얼굴을 차게 핥을 거야. 종이를 좋아하니까. 염소는 눈물을 좋아하니까. 내 기보를 뜯어 먹길 기다리고 있으니까. 내 집에 있는 모든 기보는 염소가 먹어치웠다. 그러니까 내가 기르는 염소는 실패를 모르는 염소다.

  바둑알을 쥔 손을 뻗을 때 내 팔뚝에 새겨진 검은 문신이 얼핏 드러날 거야. 그건 나보다 강해 보일 거야. 커제를 누르려 새긴 문신이지만 커제는 당황하지 않을 거야. 허약하나 허약하지 않으리! 노을이 질 때까지 경기는 계속될 거야. 하나 내 심장은 지는 법 없으리! 스승님! 스승님의 이름을 걸고 나는 전투에 나섰습니다. 명예를 걸고!

  그러나 영광! 명왕!

  패배는 한 장의 기보로 남을 거야. 나는 패배의 챔피언이라 새겨진 종이를 품고 바둑판을 떠난다.

  날씨는 좋을 거야.

  패배를 안고 경주로 떠날 거야.

  폐사지에서 바둑판을 펼 거야.

  경주의 한낮, 목이 잘린 불상이 앉아 있을 거야.

  그 앞에서 딱 소리 나게 검은 돌을 둘 거야.

---

* 실력의 자웅을 가리기 위해 열 판을 주기로 두는 바둑.

재단사는 떠난다

엘리제를 위하여

벨을 눌러도
나오는 사람은 없다

메모를 남길까
모자를 벗어둘까

분명 옷이 필요하다고 했는데

양팔을 넓게 벌리세요
숨 멈추세요

다 끝났습니다
검은 옷을 입혀줘야 하는데

 손목의 바늘꽃이에서 선인장처럼 길어진 햇빛이 눈을 찌르니까 손을 들어 닦았는데

재가 묻어 나왔다
그런데

내 옷은 누가 지어줬더라?

나는 천천히 뒤돌았다
기다랗게 펼쳐진 모래가
반짝이는 곳이었다

오래 걸었다 우연히 허방을 디딜 때까지

30분째 개구리를 보는 사람

물가를 좋아하는 건 나뿐만이 아니로군. 저 둔치에서 미동도 하지 않는 개구리, 30분째 오후를 누리고 있다. 내 우려와 달리 녀석은 제 몸을 가려주는 풀 아래, 돌연히 나타난 신발에 짓밟히거나, 눈 깜짝할 새 튀어나온 뱀에 먹히지도 않고, 살아가는 중. 마치 나의 하루가, 열차를 타려고 기다리는 나를 누군가 밀어버린다거나, 신호를 어기고 튀어나온 차에 치인다거나, 우연히 어깨를 부딪친 누군가에게 발로 채인다거나 해서, 어제 산 신선한 감태와 성게 알이 있는 집으로, 돌아오지 못할 거란

그런 생각들에도, 여전히 숨을 마시면서, 불 꺼진 집으로 돌아오는 일을 멈추지 못하고, 여전히, 빚을 갚고, 축축한 생각들로 베갯잇에 얼룩을 남기며 굴러가는 것처럼.

"어느 날 남편의 밭에 갔을 때였어. 지푸라기 더미에 발이 걸렸는데, 세상에, 거기 개구리 떼가 잠들어 있지 뭐야. 몸은 연녹색으로 빛나고 눈은 꼭 감은 채, 갑자기 새어 들어온 빛에도 놀라지 않더라고. 하도 신기해서 이봐, 나 밭에서 개구리를 봤어, 했더니, 남편이 아버지를 부르러 나가더라고, 한 손엔 양동이를 든 채로, 펄떡펄떡 뛰는 것이 좋다고 하면서."

그것은 볕 좋은 날, 개구리를 봤다고 하자, 나의 상사가 깔깔 웃으며, 서류를 철하는 일을 멈추지 않고, 무언가 결정을 내리듯 쾅, 쾅, 스테이플러를 내리치며 꺼낸 말.

 멈추지 않는 물결에 몸을 담근 개구리. 이마에, 발등에, 콧잔등에 영원히 물을 묻혀도, 누군가 축복하거나 세례를 줄 사람 아무도 없어도, 밤의 수풀에서 노래하며,

 누군가 울 때 같이 운다.

여름방학

 열 살 때 일이었다. 미시즈 키가 수첩을 건네며 알려준 규칙은 두 가지였다. 마음에 드는 낱말을 모을 것, 영어일 것. 저마다 표지에 삐뚤빼뚤한 손 글씨로 이렇게 적었다: *My Own Dictionary*. 난생처음 가진 사전은 속이 텅 비어 있었다. 우리는 중국식 호떡처럼 큼지막하고 속이 빈 사전을 받아 들고 반지하 공부방을 나섰다. 각자의 단어를 채집하기 위한 여정이 시작되었다. 여름방학 숙제로 잠자리채와 플라스틱 채집통을 들고 야외로 떠나듯.

 rubber ball: 갖고 싶던 것. 뽑기 기계에 동전을 넣고 돌리면 튀어나오는 것. 잡으려고 뛰어가는 것. 놓쳐야 재밌는 것. 서른셋의 나는 rubber ~~위에 줄을 긋고~~ lover라고 적는다.

 glow-in-the-dark: 그해 여름 나는 자주 불을 끄고 방에 있었다. 바깥이 8월의 볕으로 온통 환해서 별 도움은 되지 않았다. 장난감 공에 손차양을 해주어야 했다. 그러고서야 공은 빛을 허락했다. 밝은 공을 앞에 두고 나는 그늘진 쪽에 쪼그려 있었다. 빛남과 경탄을 기다리며.

cathedral: 성당 앞에 이렇게 씌어져 있다. 모든 말끝에 amen을 붙이면 기도문이 된다. 가기 싫어 가기 싫어 가기 싫어요 아멘.

ears: 인간은 양쪽의 귀로 이루어져 있다. 열려 있는 귀와 엄마 무릎에 가까운 귀. 가만있어, 엄마는 말하고 일요일 아침이면 티브이에서 코끼리 덤보가 넓적한 귀를 펄럭이며 날아갔다.

sunburn: 여름의 상처, 무릎 말고.

peach: 상처의 색깔, 맨 처음엔. 물이 많은 것은 싫음.

Kim: 나, 에이멘.

단어 아흔아홉 개를 적으면 사전은 끝난다. 사전 속에 갇힌 단어들은 장수풍뎅이처럼 서로 뿔을 얽은 채 분투한다. 나는 투명한 유리 너머로 그것을 보고 있었다.

무한 타월

옥상에 올라가 수건을 걸었다. 수건은 참 많은 날을 기억하는군. 이건 돌잔치, 저건 9지역 축구 대회, 어느 날은 서울남부교도소 방문 기념일. 돌상 앞에 앉은 내가 지폐 대신 국수를 쥐고, 오빠가 기세 좋게 찬 공이 골대 밖으로 튕겨 나가고, 푸른 수의를 입은 아빠가 접견실 문을 열고 들어설 때까지 목이 빠져라 기다리는 날. 수건을 나눠 주며 몰래 한숨을 쉰 엄마가 있다. 수건을 받으며 고개를 숙이는 오빠가 있다. 비린내가 물씬 나는 수건에 얼굴을 묻고 비는 엄마가 있다. 어쩌다 이 많은 수건이 내게 왔을까. 나는 마른 수건을 개며 칸을 채웠다. 수건을 작게 접는 동안 누군가 어깨를 두드려 무언가 쥐여 주었다. 하얀 소창 수건에 '축 고희'라고 적혀 있다. 내 것이라고 했다.

이젠 다 접은 것 같아. 방문을 열고 나갔다. 아무것도 안 보이게 눈부신데 거기부터는 내가 모르는 곳. 그리고 이 만화는 여기서 끝난다.

현관을 열고

다
신다
마신다

숨을 마신다

일벌들이 공기를 물고 날아온다

이마에 한 겹 드리워지던
숨의 아마포

들이쉬면 서늘하고
내쉬면 따뜻하다

너도 그럴 테지
미워하던 사람

들어오세요

신발장
선인장
나부끼는 베일

공중으로 가시와 꽃잎이 낱낱이 펼쳐질 때
민소매를 입은 숨이 남긴 저마다의 발자국을 본다

한창 아무는 것이 그렇듯 희다

누군가를 미워하는 마음조차
스스로 머금는 숨의 폭보다
커질 순 없었어

입하
개화
박하

공복에도 삼킬 수 있던 무이한 알약

긴 숨에서 깨어난 후에
뭐라도 뱉어내고 싶어질 때가 있었어

비파나무 아래
달아나려던 것과
붙들어지지 않던 것을 생각해

이번 파도가
온화하지 않았어도
괜찮아

우리는 숨의 집이야

마신다
산다
더

해설

미친 봄날의 끝말잇기

홍성희
(문학평론가)

 펜을 쥐고 있는 두 개의 손이 있다. 펜 끝을 상대의 옷소매를 향해 둔 채로 두 손은 서로를 그리는 중이다. 어두운 배경 위에 비스듬히 놓인 흰 종이 위에서 두 개의 소매는 이제 막 2차원의 테두리를 얻는다. 반면 소매에서 뻗어 나온 손들은 이미 명암이 더해진 입체로서 흰 종이의 경계를 넘고, 종이와 어두운 배경 위로 그림자를 드리운다.
 마우리츠 코르넬리스 에스허르(Maurits Cornelis Escher)의 이 석판화(1948년 작)에는 "Drawing Hands"라는 제목이 붙어 있다. '손 그리기'로도 '그리는 손'으로도 번역될 수 있는 이 제목은 그림 안팎에서 '그리는' 일의 완료형과 진행형을 겹치고 후자에 힘을 싣는다. 석판 위에 복수의 손(hands)을 그린 에스허르에게 '그리기'는 완료된 일이지만, 프린트된 그림 속 두 손은 각기 하나의 손을 그리는 방식으로 그의 작업을 함께하며 '그리는' 일을 지속한다.

이 무한한 진행형은 이미 완성된 그림 안에서만 이루어진 다는 점에서 폐쇄적이지만, 그려진 손이 그리는 손이 되는 반복 속에서 완전한 폐쇄를 무한히 지연한다. 그림의 제목은 바로 그 지연에 무게를 둔다. 완성된 그림은 제목의 언어를 거쳐 작업 중인 그림으로 내내 남는다.

 김보나의 시는 그러한 진행형의 제목을 다는 일과 닮았다. 결말이, 결과가 이미 다 정해져 있어 바꿀 수 없는 닫힌 세계관 안에서 끝까지 결말을 지연하는 일. "심판의 날이 적힌 책"(「성물방」) 끝에 작은 언어를 더하여 '심판'이 끝내 완성되지 않게 하는 일. 김보나의 모험은 끝에서 다시 모든 걸 반복하며 움직이기를 주저하지 않는 마음에서 시작한다. 시작된 모험은 끝에서 다시 계속된다.

 김보나의 시에는 시나리오를 쓰는 사람들이 있다. 재개발 예정 구역에 살던 사람들은 새롭고 기이한 경험을 하러 여행을 떠나고(「볕을 기르기로 했어」), 몸을 치료하기 위해 "방사선에" 노출된 사람은 "힘이 센" "괴수"가 되어 세상의 복판에 우뚝 선다고[「춘일광상(春日狂想)」] 적는 사람들. 죽음의 문턱을 넘는 순간 사람들이 보는 빛의 빛깔에 대해(「황차의 별」), "외로운 사람"이 기르는 "버섯"의 모양에 대해(「망상 하천」) 소문을 전하는 문장을 대사처럼 적는 마음이 김보나의 시 도처에 있다. 시나리오는 때로 압축되어 하나의 글자 혹은 이미지를 얻고, 그것을 매

개로 상상에서 믿음으로 자리를 옮기기도 한다. "복(福)자"(「음양 자르기」)가 오려진 종이, "어질 인이나 기쁠 희"가 들어간 한자 이름과 "커밀라" "대니얼"(「스위트 나이트」) 같은 알파벳 이름, "잉어"(「물보라 이후」)가 나오는 태몽 같은 것에서 언어는 특정한 이미지와 인상이 덧씌워진 믿음의 빛나는 조각으로 있다. 누군가 만들고 전하는 이야기는 상상의 힘으로 빈 밥솥이나 마음을 채우고, 믿음을 품은 언어는 아직 헤엄쳐 오는 중인 시간을 이미 예정된 미래처럼 부드럽게 감싼다.

상상에서 믿음까지의 시나리오를 채우는 언어에는 온통 바라는 마음이 가라앉아 있다. 안녕한 온기가 내내 누군가를 지키기를 바라는 마음, 따뜻한 결말이 약속되어 있기를 바라는 마음은 가볍고 경쾌한 동시에 무겁고 축축한 것으로서 생의 어둠을 견디려는 관성과 관습을 만든다. 교회 천장은 삶의 어둠이 깊은 만큼 높고(「별을 기르기로 했어」), 별빛까지의 먼 거리는 시공간 안에서 감당해야 하는 외로움의 부피에 대한 비유가 된다. 지상에서 불을 피우면 연기가 높이와 거리를 가로질러 신에게 닿을 것이라 상상하며 "불의 신"을 믿을 때, "불의 신"(「황차의 별」)을 떠올리며 찻물을 끓일 때, 세계는 "굴을 지나야 꽃이" 핀다는 빛에 관한 약속을 붙잡고 "어둠을 통과하는 길"(「걸어도 걸어도」)이 된다. 김보나에게 이야기의 언어는 "긴긴 겨울밤"을 보내는 방법이고, 그 복판에서 "너도

네 목소리를 들려"(「망상 하천」)주기를 기다리는 마음이기도 하다. 그의 시는 종종 사람들이 쌓아둔 돌탑, 공항 안의 기도실, "악착보살"(「천도복숭아 나올 무렵」)이 있는 법당, 이국의 신전에 도착한다. 그곳엔 "세찬 바람을 맞으"면서도 "무릎을 꿇"고 "고개 숙인"(「물에 빠지는 이 모든」) 이들의 기도가 있고, 차곡차곡한 간절함이 있다.

> 삼도천을 건넌 친구가 인형 뽑기 기계에 누워 있다. 눈이 마주쳤는데 슬쩍 윙크한다. 구해달라는 것일까? 같이 있던 지인에게 만 원을 꾸었다. 기회는 스물다섯 번. 자신 있게 버튼을 누르길 수차례, 옆자리에서 인형 뽑던 애들이 갑자기 환호하는 통에 친구를 떨구고 말았다. 못할 짓이군. 크레인에 매달려 대롱거리는 친구 모습은 청도 운문사에 답사 갔던 어릴 적을 떠올리게 했다. 절 처마에 늘어진 밧줄에 작은 석상이 힘겹게 매달려 있었다. 왠지 뽀얀 엉덩이를 내놓은 채였다. 와하하 웃었더니 스님이 꾸짖었다. 예끼!
> ─「천도복숭아 나올 무렵」 부분

그러나 김보나의 시는 간절함뿐만 아니라 철저한 고립과 가벼운 종이 한 장도 본다. 종이에는 천이나 만같이 큰 숫자가 씌어져 있다. "인형 뽑기 기계"를 움직일 수 있는 "스물다섯 번"의 "기회"나 "천도복숭아" 몇 개 혹은 "신의 가호가" 깃들어 있다는 "지팡이" 한 자루의 값어치로서, 종이는 간절함과 바로 마주한다. 이 종이와 교환될 것은 몸에 돌이 생기고 "수많은 흠집과" "흉터"(「여기 지팡이 있어요」)가 남게 되는 고통의 시간이거나, 친지들의 비통에 묶여 세상을 떠나지 못하다 부처님이 던져 준 "동아줄"에 매달려 "끝내 극락"에 갔다는 "악착보살"처럼 죽은 친구가 "크레인에 매달려" "인형 뽑기 기계"(「천도복숭아 나올 무렵」) 밖으로 나오기를 바라는 마음이다. 간절함은 돌탑이나 교회 벽돌처럼 쌓여 높이와 무게와 부피를 키우지만, 손바닥만 한 종이 한 장만큼 납작해지기도 한다. 그 종이 위에서 언어는 "만년설"(「눈송이를 위한 자장가」)의 시간과 무관하게 유통되는 "만 원"(「천도복숭아 나올 무렵」 「여기 지팡이 있어요」)처럼 비대해진 채로 텅 비어 있거나, "얇고 쉽게 구겨지며 거친" "광고지" 위의 "50%"(「음양 자르기」)처럼 언제든 추락할 수 있는 것으로서의 가치만을 안고 있다.

　"돈을 불러"들인다는 "은행" "달력"(「공휴」)이나 "아무 데나 다" 쓸 수 있는 "성수"처럼 아주 일상적인 사물이 되어, 믿음의 언어는 쉽게 거래되고 바라는 마음은 가뿐하게 교환된다. 김보나의 시는 안녕에 대한 바람을 담은 간절한 언어를 전혀 다른 언어적 맥락으로 비약하여 진심에 대한 단정하고 다정한 가정이 깨지는 순간을 만든다. "바티칸에서 온" 성수(聖水)와 수도권 지하철 2호선 성수(聖水)

역(「바티칸에서 온 사람」), 방대한 가르침을 담은 불경(佛經)과 불경을 "베고 자"는 불경(不敬)(「천도복숭아 나올 무렵」), "길한" 글자를 새긴 채 집을 지키는 고급지와 "폐지"로도 "팔지 못"해 집 안에 가득 쌓이는 광고지(「음양자르기」), "천국"과 지상을 연결하는 성스러운 딸기와 땡볕에서 일꾼들이 따야 하는 수천의 딸기(「딸기의 고장에서 태어난 사람」), "축복"이나 "세례" 없이도 기적처럼 살아가는 개구리와 약재료로 포획되는 개구리(「30분째 개구리를 보는 사람」). 고립은 다정한 빛의 세계로부터 외떨어져 어둠을 견디는 곳에서가 아니라 빛나는 언어의 곡진함과 순진함 사이, 빛날 것 없는 언어의 지배력과 무기력 사이, 빛이 어둠과 구분되지 않는 모든 삶의 자리에서 발생한다. "조롱당하면 맛있어지는"(「다 뜻이 있겠지」) 튀르키예 아이스크림 트럭 앞이나 노동과 휴식을 교묘하게 겹쳐둔 "워킹홀리데이"(「딸기의 고장에서 태어난 사람」) 일터에서, "동전을 넣으면 언제든 게임을 할 수 있으니까" "나에게 동전을 먹"(「여름 느낌 단편」)이고 싶어지는 무인 야구 연습장이나 거리의 "크리스마스 마켓"(「물에 빠지는 이 모든」)에서.

주일이 오면 묵주를 판다 은빛 구슬을 길게 꿰며 흘러나오는 혼잣말을 듣는다 심판이 다가온다 은총이가 엘사 드레스를 끌고 놀러 온다 성가집을 덮고 유리 장식장을 구경하는 놀이 흰 미사포와 마리아상의 가격표를 뒤바꾸는 놀이 나는 마른걸레로 촛대를 닦는다 놀이는 아니고 초의 밀랍과 심지 중에 어느 쪽이 더 괴로울까 생각하는데

언니 이름이 뭐야?

안나

걘 엘사 동생인데?

종이 울리면 언니와 동생이 동시에 돌아본다 문을 연 사람이 다시 닫는다 공들여 닦은 유리에 작은 지문이 잔뜩 묻어 있다 거기 뭐 있어? 까치발을 해도 은총이는 못 봐

스위치를 누르면 빛의 상자

불을 끄면 고요한 상자

병아리가 눈 뜨길 기다린다고 말해준다

진짜? 은총이가 요술봉을 떤다

심판의 날이 적힌 책을 찾는 사람들이 종종 들렀다

종이 울렸다 주일이 오면

—「성물방」 전문

"흰 미사포와 마리아상"에 "가격표"가 붙어 있는 "성물방"에서 '성물'의 언어는 두 가지이다. 그 언어 중 하나인 "가격표를 뒤바꾸"면 두 물건은 가치가 뒤바뀌는 듯 보인

다. 성물로서가 아니라 상품으로서 그렇다. 이때 가격이라는 언어는 표면적으로 작동하지만, 제자리로 돌려놓기 전까지 언어의 장에 영향을 미친다. 성물방 안에서는 이름도 복수의 층위를 가진다. 세례명으로서의 '안나'와 디즈니 애니메이션 시리즈 〈겨울왕국〉 주인공 이름으로서의 '안나', "엘사 드레스를" 입은 은총에게 있어 "엘사 동생"으로서의 '안나'는 서로 가치가 다르다. 애니메이션 주인공 이름에는 '성물'로서의 성격이 없고, 얼음을 다스릴 줄 아는 언니에 비해 인간적인 인물로 그려지는 동생 '안나'에게는 더더욱 오라가 없다. 믿음을 연결하는 '나'의 세례명과 아이의 본명인 은총은 "흰 미사포와 마리아상"처럼 또 다른 층위를 벌린다. 그 가운데 '나'는 은총의 언니이자 엘사의 동생이, 은총은 '나'의 동생이자 안나의 언니가 된다.

이 복잡한 관계성에서 이름은 표면적인 동일성을 가지고 교환 '놀이'를 할 수 있는 가벼운 도구처럼 보인다. 그러나 이름의 가치가 뒤바뀌는 성물방 안에서 "언니와 동생이 동시에" 되는 두 사람은 어느 하나의 이름이나 가격표이기만 하지 않은 존재로서, 이름에 부여되는 상이한 가치들로부터 고립된다. "스위치를 누르면 빛의 상자/불을 끄면 고요한 상자" 같은 성물방 안에서 성물이기도 상품이기도, 신성하기도 세속적이기도 한 존재들은 상자 안에 있는 병아리들처럼 주어진 테두리, 만들어진 맥락 안에서 가치를 부여받고 위치를 배정받으며 역할을 수행할 따름이다. '나'는 그곳에서 "병아리가 눈 뜨길 기다린다고 말"하지만, 이 "빛의 상자" 안에는 눈 뜨기 전부터 "빛으로 눈꺼풀을 틀어막"(「상자 놀이」)는 힘이 있으며, "까치발을 해도 은총이는 못 봐"(「성물방」)라고 미래를 제한하는 언어가 앞서 있다. 그곳에서 '나'는 "눈을 떴다고 생각"하면 곧바로 "그건 착각"(「상자 놀이」)일 뿐일 것을 알고 있다. 상자 속 병아리 같은 하나의 존재는 '혼잣말'에 뿌리내려 있는 "심판의 날이 적힌 책"의 흔적처럼, "공들여 닦은 유리에" 잔뜩 묻은 "작은 지문"(「성물방」)처럼 늘 앞서 씌어진 언어와 닥쳐오는 타자들의 복판에서만 가치를 옷처럼 입을 수 있고, 그 가운데에서만 "내 거랑 구별도 안 가"는 무수한 "너의 지문"(「부추와 나」)을 바라볼 수 있기 때문이다.

> 남자의 손이 내 몸을 쓸고 간
> 버스의 오후
>
> —목욕합니다
> 다섯 자 앞에 멈추어 선다
>
> 누군가는 사우나에서
> 104도의 열기에도 도망치지 않는 법

그런 걸 수행하고 있겠지

……난 그냥 탕에나 들어가고 싶어
욕조엔 어린아이 손에나 어울릴 작은 고무공이 가득해 풀썩 뛰어들면 푸르고 가벼운 공이 까르르 탈출하기 시작하고

[……]

보여?
푹 가라앉은 몸에서 끓어 넘치는 연기
욕조를 나서면

애야
한창 물세례를 받고 있는 여자들이 불러 세웠어

(우리는 유황천에서)
        (달걀과 제 몸으로)
"지옥의 특산품을 만들어"
       "끓는 물에서 다시"

(태어난 것에선)
    (특유의 냄새가 난단다)

"자네, 모욕 좋아하는가"

여자들이 익힌 것을 건넨다

받아 삼킨다 열이 오르고 목이 막힌다

—「탕에 들어갔다 나오는 사람」 부분

 김보나의 시에서 '지문'은 사물의 표면, 몸, 언어, 장소와 생활 습관에서 내내 겹쳐 있다. 어떤 손은 버스에서 함부로 타인의 몸을 쓸고, "미움은 폐에 남고 그리움은 쓸개에 남아" "독소"(「장수민해독센터」)가 되며, 신이 몸 안에 만든 돌은 연이은 파장으로 "수많은" "흉터를"(「여기 지팡이 있어요」) 만든다. "우린 다 젖을 먹고 자"라 "젖 먹던 힘이 필요"해지면 "버터를 찾"(「백봉령 버터 박물관」)게 된다는 이야기와 여자들이 "달걀과 제 몸으로" "유황천에서" "지옥의 특산품을 만"(「탕에 들어갔다 나오는 사람」)든다는 이야기는 누구든 다녀갈 수 있는 박물관과 목욕탕에서 몸을 거쳐 이어지고, "사람의 얼굴을 흉내 내는 희고 둥근 것. 제갈공명이 사람 대신 바쳐 험한 물살을 가라앉혔다는 제물"은 "가끔 타오르는 솥 안에서 익어가"면서 "천 개의 얼굴"로 "나를 노려"(「차이나타운」)본다. 김보나의 시에서 사람들은 "이어달리기 배턴을 건네받아본 사람"(「Act II — 레이먼드 카버가 만드는 버터팝콘을 상상하며」)으로서 자기 손에 쥐여진 배턴을 들여다보고, "한

번 엎지른 먹이 사람의 모습으로 따라다니는"(「수련 일지」) 것처럼 아주 오래도록 무언가가 이어지는 기분을, 그 긴 반복으로부터 벗어날 수 없이 쫓기는 기분을 느낀다.

중요한 사실은 그렇게 보이지 않는 채로도 무수히 겹쳐 있는 지문들이 종종 적의와 조롱과 모욕이 되어 사람을 소외한다는 점, 그 소외 속에서도 "조롱당하면 맛있어지는 것도 세상엔 있"을 것이라고, 모든 고통에는 "다 뜻이 있"을 것이라고 "차가운 희망"(「다 뜻이 있겠지」)을 품어 믿게 한다는 점이다. 몸에 닿은 지문을 씻어 없애려 목욕탕에 가면 "한창 물세례를 받고 있는 여자들이" 온갖 질병을 치료한다는 "유황천에서" 몸에 냄새를 입히며, 목욕과 모욕을 구분하지 않고 "헝클어진 머리에/거품 왕관을 만들"라 말한다. 거품 왕관을 쓰고 '나'와 여자들이 모두 "모욕의 왕"이 될 때, 몸에는 더 많은 지문이 묻어 욕조로부터의 "탈출"을 어렵게 한다. 다 닦아내고자 하는 "목욕"의 순간 목욕의 이름으로 새겨지는 "모욕"(「탕에 들어갔다 나오는 사람」)이 뒤집힌 믿음으로 반복될 때, "기도문"이 암송되고 "발명"(「수련 일지」)되는 모든 장소는 과거의 언어가 인용되고 참조되고 반복되며 변용되는 닫힌 "상자"들이자 작은 상자들이 가득한 "리본"(「상자 놀이」) 묶인 방이며, 작은 유리 천장이 무수하도록 거대한 "유리우주"(「유리우주」)와 같다. 그 우주 안에서 빛-어둠은 재생산되고, 어둠은 믿음의 이름으로 깊으며, "모험은 쉽게 시작되지 않"(「나의 모험 만화」)는다.

> 어제는 웬 할머니가 왔어
>
> 피난을 떠나며 버린 풍금이 꿈에 나오더이다
> 뭐라도 연주해달라는 듯
> 건반이 자꾸 반짝이더이다
>
> 선생님은 할머니를 어머니라고 불러 자기 엄마도 아니면서 어머니 여기는 미예요, 미
> 어머 어떻게 알았어요 나 미애예요
>
> 미애
> 인간의 생이 몇 장짜리 악보이고
> 하나의 곡을 반복하는 것이 연습이라면
> 하나라는 고통을 되풀이하는 인간은 어떤 악기인 걸까
> ─「슈베르트 방은 말한다」 부분

어둠을 견디는 방법과 어둠이 깊어지는 이유가 구분되지 않는 복판에서 김보나의 시는 "하나라는 고통을 되풀이하는 인간은 어떤 악기인 걸까"라는 질문 앞에 선다. 인간이 더불어 돌탑을 쌓듯 제각각 고립되는 방식으로 반복하는 고통이란 "하나의" 고통이 아니라 어쩌면 "하나라

는" 고통이다. 축구공이나 노트를 주고받으며 공동의 언어를 확인하고 그 문법을 익혀가는 것이 "친구를 만드는 일이라"면 혹은 "어른이 된 6시/칸칸이 나뉜 지하철에서" "백팩의 무게를 버티며 서 있"는 것이 "칸 속 사람들"과 삶의 틀을 공유하는 방식이라면, 그 닮음의 기저에는 "내년을 얘기할 때" "밝은 표정을 지으려 애쓰는" 마음이, 서로에게 지문을 남기며 그 복판에서 안녕을 바라고, 믿고, 그럼으로써 "내년"이라는 시간이 정해진 방식대로 잘 도착할 수 있게 하려는 간곡함이 있다. 그것은 "정체를 숨긴 외계인이 학교를 짓밟는 이야기" "쓰러진 친구가 되살아나는 이야기를" "사각사각" 써 내려가면서도 "공조차 앞지를까 봐/달리는 속도를 조절하"면서 올해의 안녕의 문제에 몰두하여, "이 모험의 끝"(「나의 모험 만화」)을 짝꿍과 주고받는 '노트' 안쪽 세계에 미리 정박시켜버릴 수밖에 없는 '이름'의 간곡함이다. 어떤 이름 안에서도 고립되고 소외되는 기분을 떨칠 수 없음에도 계속 이름 불리고 위치와 역할을 배정받을 수밖에 없는 세계에서 '친구'라는, '어른'이라는 이름은 가격표처럼 간곡함을 거래하고 할인하며 시험한다. 그 시험을 통과해야 한다는 공동의 바람 속에서 인간은 다 함께 "하나라는"(「슈베르트 방은 말한다」) 고통에 참여한다.

김보나의 시는 일상적이고 반복적이며 다만 '버티는' 방법에 불과하게 되는 믿음의 문법 안에 "구름을 닮은/말풍선"을 만들면, 그 안에 사람들이 서로 같지 않은 언어를 채워 넣을 것이라고 상상한다. "독서 기록장에는 쓰지 못한 문장"을 "사각사각" 써서 보여주고 싶은 마음처럼, "칸 속 사람들의 말풍선을 속속들이 알고 싶다"는 마음으로 그의 시는 이름이 아닌 바람을 믿는다. 학습되고 체화되어 되풀이되고 정당화되는 언어의 지문들이 시선을 제한하고 미래를 가두면서 이곳의 말풍선을 어둠 속에 가려둔다면, 바로 그 어둠 속에서 "저마다의 모험은 어떻게 지속되는지"(「나의 모험 만화」) 그 차이들을 언어로부터 벌려내기를 택한다. "지금까지 배운 것을 잊는 것"을 '목표'로 새로운 '목욕'의 방법을 발명함으로써가 아니라, "다 외운 기도문"(「수련 일지」)에 '사각사각' 언어를 더하고 새롭게 새기며 더 듣고 더 말하려는 방식으로, 언어를 스스로 결정하고 추진하려는 의지를 통해서 말이다.

> '키레이, 키레이'
> 노래하는 당신에게 한 무리의 남자들이 외친다
> 나는 더 좋은 말을 주고 싶다 이를테면
>
> '한 여자에게 반하면 외국어를 배우고 싶어지나 봐'
>
> 대추가 한 말도 넘게 나왔다네
> 아무나 붙잡아 목말을 탄 채 외치고 싶지만 난 그냥

록 페스티벌 불볕 아래 벌게진 한국인 여자애

돌아오는 길엔 '내한'을 찾아봤어

─외국인이 한국에 오는 일
이건 내가 바라는 것

─다른 사람에게서 온 편지
이건 당신 손에 쥐어 주고 싶은 것
(난 다른 사람이 아닌데)(그럼 뭐야?)

나는 사전을 펼쳐 나만의 내한을 추진하는 사람
─「히쓰지분가쿠(羊文学) 보컬과 결혼하려면」 부분

    김보나에게 말풍선을 채우는 일, 자신의 언어로 '모험만화'를 채워가는 일은 우선 "무리"와 '나'가 분리되는 데에서부터 시작한다. '당신'의 목소리에 지문이 찍혀온 오랜 시간과 무관하지 않을 "키레이, 키레이"의 복판에서 '나'는 "더 좋은 말을" 생각하고 그것을 '당신'에게 건넬 방법을 더불어 상상한다. '나'가 떠올린 "내한"이라는 말에는 아직 일어나지 않은 일을 약속하는 의미와 이미 일어난 일을 가리키는 의미가 맞붙어 있다. 무언가가 이쪽으로 오는 방향과 그쪽으로 가는 방향이 서로 다르게 담겨 있기도 하다. "록 페스티벌" 무대 아래의 외침과 크게 다르지 않은 기한 없는 기다림과 일방적인 도착 사이에서, 김보나의 '나'는 사전이 가르쳐준 방식을 반복한다. "당신 손에 쥐여" 줄 편지를 쓰고 '외국인'으로서 "바다 건너편으로 찾아가 당신을 만나"겠다는 약속으로, 그의 "내한"은 '내한(來翰)'이나 '내한(來韓)'의 방식을 변용하여 상상된다. 그 가운데 '당신'의 언어를 배워 언어를 나누고자 하는 바람은 일견 "무리의" 외침과 다르지 않다. 김보나의 시는 "나만의 내한을 추진하는" 일이 "사전을 펼"치는 일을 온전히 벗어날 수는 없음을 잘 알고 있다. 바람의 언어는 언어 자체의 오랜 역사를, 그 기저의 일방향적이고 종종 납작한 믿음을 반복한다.

그러므로 김보나의 시가 하고 있는 것이 전혀 다른 말을 만들고 새로운 '내한' 방법을 꿈꾸는 일은 아니다. "체육복을 빌려주는 사람이" 그 친밀함의 전제로서 "그런 것을 함부로 허물면 안 돼"라고 말할 때, 김보나의 '나'는 마찬가지로 "조심스레 돌을 쌓"아 사람들의 돌과 하늘로 융기한 땅 전체의 방법을 반복한다. 다만 그는, 거기에서 멈추는 대신 연이어 "돌을 주워 던지"는 사람으로 있다. 믿음의 언어와 공동의 언어를 "함부로"(「가장 높은 곳으로」) 무너뜨리거나 외면하지 않으며, 동시에 언어를 쌓는 대신 부러 멀리 보내어 떨어뜨리는 사람으로서. 포물선을 그리며 어딘가에 다다를 하나의 돌은 차곡차곡 쌓이지 않아도 '나'의 바람을 방향으로 갖고, 장소를 옮겨 이곳과 저곳을 잇는 방식으로, 넓이의 방식으로 쌓인다. 하나의 사전을 공유하지 않으면서 "서로의 언어로" "보나/나마에/에로스/스키/키싱 유/유메/메리 미/미로"같이 이어지는 끝말잇기처럼, 김보나의 시가 그리는 '당신'과 '나' 사이 언어의 "내한"은 자꾸만 하나의 규칙을 넘어, 서로 다른 목소리로 동시에 "로/로/로//노래"(「히쓰지분가쿠(羊文学) 보컬과 결혼하려면」)하기를 제안하는 방식으로 추진된다.

재차 헐거워지는 이어짐은 믿음의 방법을 공유하는 데에서 만들어지는 돌탑의 높이나 그 높이를 만드는 시간의 부피와 다르게 무엇도 구체적으로 이루지 않지만, '하나라는' 감각을 위하여 이곳을 어두운 곳으로 만들어버리지도 않는다. "성당에 못 들어"가도 "절 마당을 비로 쓸면서" "사각사각"(「「미친 봄날 생각」」) 이어질 시의 언어는, "불행이 생의 주제라고 요약하는 대신/소설책의 아무 페이지나 열어젖혀/걸어가는 주인공을 보여주"(「물가에서 우리는 잠시 매혹적이다」)면서 "용감하게 걸었다는 기억을"(「「미친 봄날 생각」」) 다만 나눈다. 그저 계속 걷는 일로서 쓰고, 그럼으로써 언어를 끝내 멈추어 완료되어버리지 않게 하기 위하여, 어떤 언어의 축적도 교환도 어둠도 종이 위에 가두어져 멈춰버리지 않도록 하기 위하여 말이다.

패배는 한 장의 기보로 남을 거야. 나는 패배의 챔피언이라 새겨진 종이를 품고 바둑판을 떠난다.
날씨는 좋을 거야.
패배를 안고 경주로 떠날 거야.
폐사지에서 바둑판을 펼 거야.
경주의 한낮, 목이 잘린 불상이 앉아 있을 거야.
그 앞에서 딱 소리 나게 검은 돌을 둘 거야.

―「십번기」 부분

위의 시는 "바둑을 배울 거야"라는 문장으로 시작한다. 단번에 커제 9단과의 대결 장면에 돌입하는 '나'는, 이미 공인된 바둑계의 챔피언을 상대로 "굴욕과 굴종을 기꺼이 맛보"며 "포기하지 않고" 끝까지 나아가 패배한다. 그는 "한 장의 기보로 남"는 "패배"를 품은 채 어떤 바람을 빌어도 들어줄 이 없을 과거 믿음의 장소, "목이 잘린 불상" 앞에 앉아 다시 "딱 소리 나게 검은 돌을" 둔다. "바둑을 배울 거야"라는 미래형으로 시작한 시는 "검은 돌을 둘 거야"라는 마찬가지의 미래형으로 맺어진다.

처음부터 끝까지 실현된 적 없는 이 전망 속에서 패배는 항상 내정되어 있는 결말처럼 보인다. 다만 '나'가 커제 9단과의 대국에서 하고 있는 것은 실력을 겨루는 일이라기보다는 지지 않으려고 끝까지 견디는 상대 앞에서 끝까지 나아가는 의지를 꼿꼿이 세우는 일이다. 돌 하나하나가 놓이며 너른 판을 채운 시간을 기록한 이 대국의 기보는 "패배"의 언어가 아니라 돌을 놓는 행위 자체의 언어를 담는다. 아직 이루어지지 않은 대국의 장면을 그리는 이 시의 언어 역시도 그렇다. 정말로 바둑을 배우고 경주의 폐사지에 다다르는 '미래'의 상이 아니라 어떤 미래를 향해서든 계속해서 "딱 소리 나게 검은 돌을" 두는 행위, 다르게 말하면 검은 글자를 이어가는 행위가 이루어질 것이라는 전망을 이 상상의 시나리오는 보여준다. 도처에서 미래가 이미 과거처럼 완료된 서사로 그려지고, 하루를 더하는 일 자체가 그 정해진 완료형을 되풀이하는 일에 불과해 보일지라도, 완고한 이야기 구조를 완결되지 않게 하는 진행형의 움직임을 발명하는 것. 그것까지 기록하는 행위로서 '나'의 기보와 김보나의 시는 적힌다. 그 종이 위에서 언어는 끝내 굳어 있지 않고, 완전한 고립은 아직 이루어지지 않는다.

> 마취총을 맞고
> 수술대에 올라도
> 감당하기 힘든 마음처럼 몸이 불어나도
> 용감하게 걸었다는 기억을 갖고 싶어
> 작년에 꽃구경을 한 벚나무 아래
> (자리를 깔고)
> 기다릴게

만날 수 없는 사람

　　　　　　　　　—「「미친 봄날 생각」」부분

　김보나의 시 가운데에는 나카하라 주야의 시 제목에서 시제를 따온 「춘일광상(春日狂想)」이 있다. 같은 시의 제목을 우리말로 옮겨 시제로 삼은 「「미친 봄날 생각」」도 있다. 먼 누군가의 언어에서 김보나의 언어로 이어지는, 먼 누군가와 김보나가 각자의 언어로 주고받는, 김보나가 스스로 주고받는 이야기들에서, 봄은 자꾸 지나가고 그럼에도 자꾸 여기에 있다. 봄날에 하는 미친 생각은 미친 봄날에 대한 생각으로, 계절을 가로지르고 해를 넘어 꼬리를 문다.

　이 이어짐에서 시의 언어는 "봄의 마지막 기억"[「춘일광상(春日狂想)」]에, "작년에 꽃구경을 한 벚나무 아래"(「「미친 봄날 생각」」)에 머물러 있는 듯, 봄을 더 멀리 보낸다. 봄은 시 속 '당신'의 봄과 '나'의 봄 사이, '나'에게 온 편지와 '나'가 쓰는 편지 사이에 있는 것이 아니라, '당신'의 글자들과 '나'의 글자들이 이루어내는 도처의 행진 위에 있다. 하나의 문법을, 활자를, 시공간을 공유하지 않아도 언제든 시작될 수 있는 종이 위의 움직임으로, 마치면 곧 다시 시작되는 무한한 상상의 퍼레이드로. 김보나의 모험은 그 봄에 '당신'을, 기억 속의 '너'를, '나' 자신을 초대하는 일로 재차 시작된다. 각자의 펜을 쥔 채로, 말풍선을 들고서, 우리는 곧 봄에서 만난다.